死ぬか変わるか

25歳の僕が年商30億を稼いだ
7つの方法

ADRERオーナー
犬飼 京

徳間書店

人生はオセロ――ひっくり返すか返さないかは自分次第

「お前には期待していない」と言われて育ち、自分のことが大嫌いだった僕がまさか25歳で年商30億稼げたわけ

初めまして。どうも、犬飼京です。

1997年、東京都は武蔵境生まれ。転々と引っ越し生活を繰り返し、青春時代は長野育ち。大学進学とともに上京し、在学中にSNSをはじめ、アパレルブランド「ADRER《アドラー》」を立ち上げました。今では経営者として、モデルとして、そしていちSNS発信者としても生きています（2023年9月現在、総フォロワー150万人）。

今でこそ、欲しいものを手に入れ、華やかな生活をしていると思うでしょう。

はい、正直させていただいております。

そうなんです、正直、満足しています。しかしながら、20歳くらいまでは絶望の人生を味わってきました。

繰り返す挫折の中で僕は、他人のことも自分のことも信じられなくなり、絵に描いたようなどん底を這《は》いつくばって生きてきました。

最初の大きな挫折は学業……。

自分で言うのも恥ずかしいのですが、僕は小学生の頃ぐらいまでは、自分は人生の主役であるという自覚があり、自分を結構デキる子と思っていました。親からは一流大学に進学し、スポーツも大成を望まれ、英才教育を受けて育ちました。スイミングスクール、少年野球、くもん3教科、ランニング、親からの宿題以外の追加課題……。これを毎日こなす。親戚を見回しても、従兄弟《いとこ》はふたり早稲田に行き、

小学生高学年の頃の僕。

出来のいい家系だったので、親も僕も当然のように「自分も同じか、それ以上のレベルの学校に行けるだろう」と考えてきたのです。

事実、小学校高学年までは、優秀でした。だから、僕は期待を背負っていたのです。

そのため、僕が小学生の頃、親が地元・長野に建てた家は、一族がみんな通っていた地元の名門高校の近く。親も親戚も僕も、当然のように「将来は僕もそこに通うだろう」と思い込んでいました。

しかし、理想は幻と化し、まるで真逆の人生を歩むこととなりました。自分が「不良品」と気づいたのは中学生の頃、最初に受けた5教科のテスト。

5教科のテストで平均80点は取れると確信していましたが、まさかの合計200点台……。

——おい待てよ。俺、こんなに馬鹿だったっけ？

結果を見たとき、あまりのYABAさにかなりショックを受けましたｗｗｗｗ。僕より驚いたのは親でしょう。鳩に豆鉄砲とはこのこと。きっと驚きを隠せなかったはずです。

そして、成績はますます落ち続け、理数系はもはや一桁連発。そして、気が付きました。このままでは、理想の進学はおろか、平均的な進学も叶わない（あ、俺は馬鹿だったんだ）。

部活動もこれがまた酷《ひど》くて、少年野球もベンチだけを守り続けた5年を経てバレーボール部に入部しますが、奇跡的に校内で一番厳しいバレー部で、何度も逃げ出そうとし、親を泣かせました。仲間にも迷惑をかけました。かろうじて同学年が3人しかいなかったので、試合には出られましたが、とても成績がいいとは言えません。

ここまで書いていて思うことは、親への申し訳なさです……。

そうやって負のスパイラルに陥り、僕は自分はダメな人間だと自覚していくのでした。

工業高校に入学。そこは『クローズ』の世界だった……

「このままだと地域で一番低い偏差値の高校に行くしかない」と面談で担任の教師から宣告された結果、僕は面接でハッタリかませば入れる地元の工業高校に入学。

毎日誰かと誰かが喧嘩して、金髪や喫煙者も大勢……という不良ばかりの世界。

勉強が苦手で、もはや「apple」「ice」すらも読めない人もザラにいました。いや、ガチです。何ならその彼が一番仲よかった（笑）。

基本的にメガネ。

髪は1000円カット。あまりファッションにも興味はなかった。服は全て親が選んでくれた。

無事、入学はできたとは言えど、過去の自分の努力、親の期待の手前、かなり気持ちは暗かったです。ていうかもう、その時点で人生を諦めていました。

こうにだけはならないでくれと思われる道を見事に進み、そして言われました。「お前にはもう期待していないから」。

自己肯定感爆下がりマニュアルとは、このこと。

以来、僕は何かあれば自分を否定する思考の癖がついてしまいました。

ただ、意外にもその高校の環境は、僕にとっては居心地がよいものでした。周囲みんな勉強が苦手なので、彼らに比べれば自分が優等生でいられたから（笑）（ごめん、同級生のみんな）。

また、友達も不良だけど気の良い奴らばかり。彼らとはいまだに地元に帰ると必ず会って、酒を飲んだり、時にはランニングをしたり……。

今残っている友達の9割は高校です。ありがとう。

「見栄」のための大学進学、その向こう側に待ち受けるのは天国か地獄か

ここまで親の期待を裏切り続けた僕ですが、人生には何度でも逆転できるチャンスはやってきます。

学力テストのない指定校推薦で、運よく大学受験成功。高校時代は優等生でいられたので、日本大学に入学できました。日本大学を選んだのは、父親の母校だから。「これなら、今まで期待を裏切ってきたけれども文句も言わないだろう」と安心しました。

スキンケアも興味なし。パンパンに顔もふくらむ。

大学入学したての僕。日焼けして色黒。服は全身GUのセール品。

別に、この大学で勉強したいことがあったわけじゃありません。ただただ、見栄を張るためだけに僕は大学に入ったのです。

大卒じゃないとダメだという社会からの洗脳のもと、これで僕の人生は好転していくと僕自身は確信していました。一縷《いちる》の光が見えてきたのです。

ところがドッコイ、憧れの東京（千葉）での大学生活が始まったものの、そこからさらなる悲劇が始まるのです。

……ここまで書いてきて、我ながら笑えてきます。でも、事実なので、これを書かないとこの本は薄っぺらくなってしまいます。

もともと見栄で大学に進学したので、勉強はもちろんのこと、進みたい夢など無論あるはずもなく、途方に暮れる大学生活が始まる。何も楽しくない。

授業も適当に受けて、頭の良い友達のノートやレジュメを見せてもらい、金欠で同じものを食べ続ける日々。バイトをしてもどれも長続きしない。特に酷かったのは実は恋愛で、自己肯定感も低い僕は、工業高校出身も相まって、女性との向き合い方がわかりませんでした。自分も相手も消耗するだけの関係。今でも本当に申し訳なかったと思っています。そんなうだつの上がらない生活を繰り返し、訳もないのになぜだか悲しい。泣けやしないから、余計に救いがない。そんな感じ。

もしかすると一番酷かったのは、ここまでの大学生活だったのかもしれません。

大学1年生の冬。僕の人生のターニングポイントはここにありました。「彼女」という自分の居場所がなくなってしまったのです。自己肯定感の低い僕は、親元を離れ、一人暮らしをする中で自分の居場所を彼女しかないと思い込んでいました。だから、喪失感で、僕の人生は過去最悪を更新しました。

復縁を求めて、泣き続ける日々。

朝、アラームをかけるよりも何時間も前に目が覚め、心臓もバクバク鳴り続ける。得体のしれない恐怖に襲われて、どこにいても涙が止まらない。おそらく彼女を失った原因でパニック症候群になっていたのかもしれません。そんな期間が3カ月くらい続きました。

この状況を立て直すためにタイミングよく春休みがやってきたので、これを機に家族の愛を受けに実家へ帰り、寝込むことを決意。

ところが煙たがられ、すぐに東京へ戻らなければならなくなりました。

自分の居場所はどこにもないと、そしてこのまま生きていても自分の人生に期待はできないと、リビングの床で泣き喚《わめ》きながら、「雪山にでも行って酒でも飲んで寝てやろう」と思いました。

そこで僕は思ったのです。死ぬか変わるか。

思考は現実化する

変わろうと決意してからは、書籍、YouTubeで「性格の変え方」「夢の叶え方」「モテる方法」「お金を引き寄せる方法」などなど、自己啓発を漁《あさ》りまくりました。本当にずっと観て、ノートにまとめて研究。研究して実践。今、考えると自然とPDCAを回し、思考力を手に入れたのだと思います。

自ら考えて行動する。成功するためには結局これに尽きるんですが、この生活がなかったら今の自分は絶対に成功できていないと思います。

自己啓発を否定する人はよくいるんですけど、僕は真っ向からその人たちを否定したいです。無料で学ばせてくれたYouTuberさん、そして知識をくれた著者さんに心から尊敬と感謝を述べ、祝福したいと思っています。具体的な内容は本編で読んでほしいんですけど、そんな生活をしている僕は、自分自身を変えようと服に興味を持ち始めました。

そして、当時、バズっていたファッションコーディネートアプリ「WEAR《ウェアー》」と出会いました。

当時、僕が大学生の頃は爆発的な人気があり、僕の友達はほぼスマホにアプリを入れていました。まだその頃の僕は、このアプリで人生が変わるとはまだ知りません。

目標も夢もない僕ですが、心の片隅では漠然と「目立ちたい」「モデルになりたい」というかすかな想いがありました。

でも、そのために行動（応募）するのは面倒くさいし、何より応募してみて不採用の結果が出るのが怖かった。「いつか応募したいな」とは思うものの、実際は何

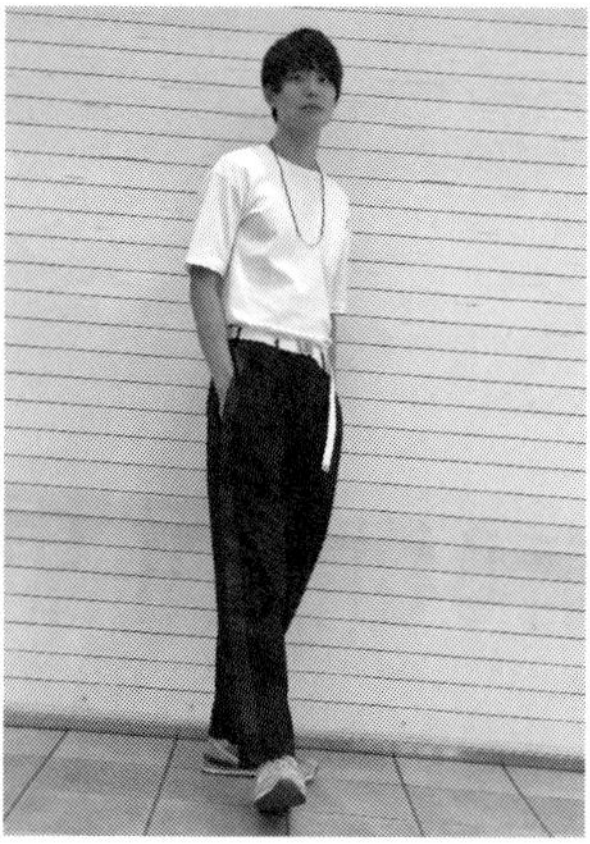
2017年6月9日撮影（WEARは削除済み）

も行動できませんでした。そんな気持ち、読者のみなさんもわかるのではないでしょうか。

ところが、ある日。身近な友達が「WEAR」に投稿しているのを見つけてしまいます。身近な存在が、自分のやりたかったことに挑戦しているのを見て、僕は途轍もない悔しさを感じました。

「あれ、こいつができるなら、俺にもできるはず。このまま何もしなかったら、差が開く……」

そう思った僕は、藁《わら》にもすがる気持ちで写真を撮り、投稿をスタートしました。

とはいえ、もちろん最初から伸びる訳ないですよね。月に1回コーディネートを適当に投稿するだけでした。フォロワーも増えるわけがありません。

ところがある日、なんとなく投稿したコーディネートを他のインフルエンサーが取り上げてくれたことがきっかけで、１０００閲覧ぐらいされました。もちろん、今となっては大した数ではありませんが、当時の僕にとっては、現在の１０００万再生と同等の価値がありました。

その時、僕は確かに感じたんです。

こんな僕でも認めてもらえる、必要とされる世界がここにはあった――。

その瞬間、途轍もない刺激と興奮を味わいました。自分には何の才能もないと諦めかけていた僕の人生が、その瞬間、少し報われた気がしたのです。

その体験がとても気持ちよくて、どんどんアプリにのめりこんでいきました。勉強もバイトもそっちのけ。「もっとたくさんの人に見てもらいたい」「忘れられたくない」「どうしたらランキングの上位に上がれるか」そんな気持ちで寝ても覚めてもこのアプリでの投稿のことだけを考えて生きるようになりました。

今考えても途轍もない思考と時間をかけていたので、ぐんぐん伸びて行き、気が付いたら「うちの洋服を着て投稿してください」と洋服の提供を受けるようにもなり、さらにはお給料までいただけるようになりました。

朝起きたら3時間くらい「いいね！」を押しまくり、学校に行けば写真を撮る。夜はまた研究を重ね、無我夢中でした。今考えても、あの頃が一番僕が熱中していました。何かに熱中していると、生きるのが楽なんです……。

鬱々と毎日惰性で生きる「芋男」だった僕は、夢中になれる存在を見つけたことで、「明日、朝起きるのが楽しみ」と思えるようになったのです。

これまで「自分は愛されているのか」「必要とされているのか」ばかり考えて生きてきた社会の操り人形だった僕が、やっと自分の人生を生き始めました。

改めて思うことは、勉強してきた自己啓発の知識があったからということです。

だから僕は、うだつの上がらなかったかつての自分のように悩む全ての読者のために、筆を取ったのです。

外見と中身、両方垢抜けると人生は変わる

現在、僕はSNS総フォロワー150万人。年商30億。黒歴史になるからあんまり書きたくないんですけど、わかりやすくモテるようになりました。毎日、割と楽しいです。

この本を読んでいる人に伝えたいことは、大きく分けて2つあります。

1つは最短で外見で垢抜ける方法と、2つ目は成功に導く内面に変革を起こす方法です。

ぶっちゃけどれほど顔が悪くても「雰囲気イケメン」になることは誰でもできます。そして、学力がなくても経済的成功はできます。性格も変えられます。薔薇《ばら》色の人生を送ることは、理論上、誰でも可能なんです。

垢抜けるための情報発信を始めて、7年。ありがたいことに150万人のフォロワーさんに支持される僕が、現時点での僕の知りうる〝最速で人生垢抜ける方法〟を本書でご紹介したいと思います。


本書を読み進めていただく前に、まずこの本の読み方についてお伝えします。

この本の中は、7つのSTEPで成り立っています。

前半のSTEP1からSTEP4までは、「外見編」として、どんなにいま現在がダサくてモテない人でも、「これさえ最低限やっておけば、最速で垢抜ける」小ずるいテクニックを順番にご紹介します。

そして、後半のSTEP5からSTEP7までは「内面編」として、豊かな人生を送り、成功するために必要な心構えや自信の持ち方をご説明していきます。

STEP1からSTEP7までの7つの方法を自分のものにすることができれば、誰でも平等に成功できるでしょう。

成功の定義は無限にありますが、あなたが今よりもモテたいのなら簡単です。

この本は、変な人が書いたとてつもなく変な本です

さらにこの本を読み進めていただく前に、2つお願いがあります。

1つは「変なことが書かれているから理解できないと思っても、一回全部読んでから感想を持ってほしい」ということです。

なぜなら、これを書いている僕自身はとんでもない変わり者です。変わり者が書いた本なので、当然内容も変わっています。

「え、これって本当の話なの？」「全然理解できないんだけど……」と思われても仕方がないような、〝変な話〟も多いと思います。

この本の内容が全て腑に落ちた頃には、オセロのように人生は180度変わると思います。あなたが今、人生に満足していなければいないほど、です。

僕ははっきり言います。今この本を買ったあなたの選択は、大正解。この前書きを読んでくれただけでも、すでにあなたの人生はちょっとずつ変わり始めているは

ず。おめでとうございます。

2つ目は「一度手に取ったなら、この本は最低でも7回は繰り返し読んでほしい」ということ。

なぜ「7回読んでほしい」と言っているのかというと、人の記憶力は驚くほど当てにならないからです。よほど特殊な記憶能力を持っている人でもない限り、一度読んだ内容はすぐ忘れます。

ヘルマン・エビングハウスというドイツの有名な心理学者の研究によれば、人間は学習後20分後には42%を忘れ、1時間後には56%を忘れ、1日後には74%忘れ、1週間後には77%を忘れてしまうそうです。

僕自身もすごく忘れっぽいタイプなので、大切な一冊は何度も読み返し、マーカーを引いていました。もうぐちゃぐちゃです。

どんなに人生のためになる知識や学びを得ても、忘れてしまえば意味がありません。

だからこそ、意識して、何度も何度も読みこんで、頭にこの内容を強く刷り込んでおいてください。1冊1000円以上する本ですから、元を取るつもりで、何度も何度も読み直してほしいです。

Index

人生はオセロ

——ひっくり返すか返さないかは自分次第

STEP 3 垢抜け5大要素 83

STEP 4

モテる男はもれなく良い香り。例外は認めない

内面編

STEP 5 モテる男＝お金を稼げる男 115

Index

STEP

6 熱中している男はかっこいい 149

Index

1

まずは、カラダ作り

外見編

ＳＴＥＰ1～4は全て外見についてで、一見うさんくさく文字通り中身の無い話ですが、ロジックに基づいた非常に合理的な最短で垢抜けるメソッドとなってます。YouTubeで何百万回と再生されている内容を全て集約させました。

痩せろ

最初から厳しいようですが、一言はっきりと言わせてください。

「モテたいなら、まずは痩《や》せてくれ」と。

すみません、愛をこめて言わせていただきました。

垢抜けたいなら、まずやるべきこと。それは「カラダづくり」。断言できるけど、デブよりスマートな方が、男はモテます。

もちろん好みの問題はあります。だけど、特例がない限り、女性はスマートで、ある程度筋肉がついた体型を選びます。

その理由は、女性が本能的に男性に対して「強さ」や「健康」を求めているから。縄文時代は狩りの上手な男がモテたと思うのですが、物理的にも健康的にも強い男性に対して魅力を感じるのは、女性の生物の遺伝子に組み込まれた本能なんです。

逆に言えば、ちょっとでも細めに見えれば、体型はなんでもいいと思います。「マッチョの方がモテるのでは？」との意見もあるでしょう。**たしかにマッチョな男性はかっこいいですが、垢抜けづらいです。**自分でモデルをしているからわかります。

僕自身、高校時代にマッチョを目指していて、筋肉がしっかりついたガッチリとした男らしい存在に憧れていました。陸上競技で円盤投げをやっていて、当時の体重は89kg。ベンチプレスは胸つけで95kg！

でも、ファッションに関する自分の写真を投稿するようになって、次第に僕は気が付きました。筋肉が付きすぎるとおしゃれな服が似合わないから、全然モテない……。

その結果、今の体重は63kgで、ガリガリでもないけど筋肉が過剰についているわけでもない、スマートな体型を維持しています。

騙されたと思って、まずは自分の体型づくりから意識してみてください。

やせるために必要なことは2つ!!

「食べる量を減らす」「動く」です。答えはシンプル。他にありません。言い訳をやめて行動しましょう。

8時間、寝てください

意外かもしれませんが、カラダづくりにおいて「睡眠」が大切です。

僕自身、1日平均8時間は寝るように心がけています。

「え、そんな寝てたの?」と驚かれるかもしれませんが、これはマジです。

基本的には睡眠を第一優先した方が、身体づくりにはプラスになるし、人生の成功にもつながります。

睡眠を削って仕事や趣味に没頭する人もいるでしょう。めちゃくちゃに体力があり余っている10代後半なら、徹夜する夜があってもいいかもしれません。でも、実は遠回りなんです。

しかし、身体が作られるのは、寝ている間。仮に筋トレをしてプロテインを飲んで筋肉を作る環境が万全だったとしても、筋肉が作られるのは睡眠中です。睡眠時間を削って筋トレをしても、思うように効果は出ない。また、ダイエットをするにしても、たくさん寝る方が痩せやすい身体になります。

起業当時は僕もめちゃくちゃ睡眠時間は短くて、平均5~6時間が当たり前。そのせいかは定かではないけれど、頻繁に体調を崩していたし、イライラもしていました。マジでイラつくんです、全てに。もちろん肌も荒れるし、寝なかった分を取り返すようによく病気で寝込んでいました。でも、睡眠時間が8時間になってからは、こうしたトラブルはほぼないです。

という僕の体験談からも言えるように、重大な悩みがあったのに、寝たら忘れていた……、なんてことばかりでした。脳が寝ている間に悩みを整理し、潜在意識の中でなにかの「答え」を導き出してくれるからでしょう。

実際、僕の周りでも、仕事がうまくいっていて元気で明るい人ほど、必ず長時間寝ています。

寝る時間帯にもコツがあり、身体を作る成長ホルモンは、ゴールデンタイムと呼ばれる夜10時から深夜2時までの間に多く分泌されますので、この時間には必ず寝てください。

同じ時間寝るにしても、できれば夜の10時までに寝た方が筋肉などはつきやすい。

遅くても1時までには寝るのがおすすめです。

難しいのはわかるけど、コントロールできないのは愚行でしかないです。「愚《おろ》か」

としか言いようがありません。

1日1・5食生活

手っ取り早くスリムな身体を作りたいと思うならば、「1日1・5食」です。

あなたは、1日に何回食事を摂《と》っていますか。

「3回」と言う人もいれば、「2回」「4回」という人もいるかもしれません。

もともと僕はものすごく大食いで、以前は周囲の人に「京くん、まだ食べるの?」と驚かれてました。

当時の僕の食生活は、1日5回食べるのは当たり前。1食あたりの食事量も多かったです。思い返してみると、1回の食事に、コンビニで冷やしラーメンと冷やし中華を両方買って、さらにおにぎりも3個買って食べる……くらいの爆食。大食い系YouTuber以上によく食べてましたね。

そんな生活なので、当然ながら太ります。そこで、周りにいるモデル、芸能人、美容師さんなどステキなスタイルの人たちに話を聞いてみると、だいたい「1日1・5食しか食べていない」と言います。

最初は、「自分にはそんなの無理に決まっている」と思っていたのですが、かっこいいと思う人の多くが「1日1・5食」だというので、ついに自分でも試してみました。

食べるのは昼か夜のどちらかだけ。食べる量は特に制限していません。

当然ながら食べる量が減れば脂肪が減っていくので、体型が自然に絞られていきます。20代にして「若返る」というのも変な話かもしれませんが、肌の調子も良くなって、見た感じ、肌にハリとツヤが出てきましたね。

1日1・5食生活は、案外人間の身体にとっては理に適《かな》った食事スタイルとも言われています。

なぜなら、元々人類は何万年もの間、狩猟などで食糧を得ていました。その当時は、獲物が捕れれば食べる、捕れなければ食べられないのが当たり前。もっと言えば、1日に1回しか満足に食事が食べられないような生活を送ってきたわけです。

現代のように、3食きっちり食べる習慣が広まったのはせいぜい数百年の間の話。この数十年、世の中に生活習慣病に悩む人が増えているのは、1日に3食も食べているからだと思っています。

たしかに寿命はのびました。が、大昔と比べると栄養素の高い食事が多いため1食で栄養バランスは整えられるはずです。

体型面以外にも、「1日1・5食生活」はプラスの側面があります。

まずは集中力アップです。3食きっちり食べていた頃は、集中力が続かず、血糖値スパイクで食べたあとに眠くなることも多かったです。しかし、**1日1・5食になってからは、食事自体に費やしていた時間を他のことに回せる上に、集中力が上**

がってぼんやりする時間が減り、その分仕事や趣味に没頭できるようになりました。

人間は空腹だとエサをさがすために本能的に集中力が上がります。

それに消化に使うエネルギーも意外とすごかったようで、食事をする時間が減ってからは、体力が余っているように感じて、以前よりも仕事や筋トレに時間を使えるようになりました。

さらに言えば、体調不良も起こしづらくなりました。元々僕はものすごく睡眠を削っていたこともあって風邪をひきやすかったし、お腹の調子も悪かったのですが、今では体調も回復してとても元気です。

騙されたと思って、ぜひ一度「1日1・5食」生活を試してみてください。

その中で「痩せた」「肌の調子がよくなった」「便通が良くなった」「気づけば疲れづらくなっている」などの、小さな変化が実感できればしめたものです。

僕にとってはメリットだらけの1日1・5食生活、あなたにも合うとうれしいです。

すべての食べ物は2択

この世の食べ物ははっきり言って2択です。

それは、**「ブス」になる食べ物か、「イケメン」になる食べ物か**、です。

1日1・5食生活の中で、「何を食べるのか」にもかなり気を遣うようになりました。

日々の身体を作るのは、食べ物。

イケメンになる食べ物を食べれば、スタイルが良くなるし、健康に過ごせる。口臭や体臭もなくなるし、毎日明るく過ごせるようになります。

反対にブスになる食べ物は、生活習慣病になったり、アレルギーを起こしたり、寝不足になったり、気持ちが落ち込んだりと悪いことずくめです。

とはいえ、食事は毎日のことなので、あまり細かく気にし過ぎても続かない。だから僕には、「これだけは守ろう」と最低限守っている7つのルールがあります。

1）パンはNG

まず、僕が「これを食べるとブスになる」と思っている食材の筆頭は、「グルテン」が含まれた食べ物。最近「グルテンフリー」と言うワードをよく聞きますよね？

「グルテン」とはもともと小麦に含まれているタンパク質の化合物です。日本人の場合、このグルテンを消化できなかったり、アレルギーの原因になっています。もともと文明的には食べていなかったので。

小麦粉の含まれた食べ物といえば、パスタやパン、ラーメンなどが思い浮かびますが、和食などに比べると、これらの食べ物はソースやバター、汁なども脂っこいものが多いですよね。グルテン自体も身体にはあまり良くない上に、脂ものを多く摂取することになるので、当然太りやすくなります。

「グルテンフリー」とは、グルテンを抜いた食品のことです。健康に詳しい人はみな意識してます。

正直な話、僕は麺が大好きです。それでも、**特別なとき以外、麺は食べません。それも全て、最短で垢抜けるためで将来の自分のため**なんです。おかげで痩せやすい身体になっていると思います。

2）コンビニやスーパーは回避

コンビニやスーパーで売られている弁当や菓子パン、お惣菜、おにぎりなど。これらはおいしいかもしれませんが、**添加物や脂、糖質がたっぷりはいった「ブス食材」を多く口にすると早死にするので、食べないに越したことはない**です。

繰り返しになりますが、僕は本来、とても大食いです。大学時代は、コンビニ弁当を3つくらい余裕で食べていたと思います。

さらに、小さい頃から節制生活を送っていた反動で、自分でお金を稼ぐようになってからは、かつて満たされなかった気持ちを埋めるかのように、毎朝1万円くらいコンビニで買い物をして、バクバク食べまくる生活を送っていました。

ただ、コンビニで売っている食べ物を食べ過ぎたせいで、体調がめちゃくちゃ悪くなっていました。当時は、あまり運動もしていなかったので、食べ物を消化するだけで精一杯。いつも眠くてだるくて、最悪の気分でした。

その体験を踏まえて、今はコンビニやスーパーで売られている菓子パンや弁当、お惣菜などはできるだけ避けるように心がけています。

どうしても弁当を食べなければいけないなら、せめてほっともっとなどのお弁当屋さんで作りたての弁当を買ってほしいと思います。その方が添加物をはじめ、身体に悪い成分も少ないです。

なお、仮に僕がコンビニで何か食べ物を買う場合は、ナッツ、みかんやバナナ、温泉卵などを買います。果物や卵など、加工や調理されていない食べ物ならば、添加物などはほとんど入っていません。ぜひ、食べ物に迷ったら、これらを選んでみてください。

3）マックよりも吉野家がいい

外食する場合は、「マック」などのファストフードに行ってしまいがちですが、**できれば「大戸屋」のような定食屋か、出来立ての牛丼が食べられる「吉野家」を選ぶことをおすすめ**します。

ファストフードに使われている食事は添加物に加えて、糖質もグルテンも脂肪もたっぷり入っているので、太りやすいです。身体も害悪です。

ただ、僕自身も無性に食べたくなるときがあって年に一回くらいはマックを食べてしまうことがあります。

どうしても食べたいときは、好きなものを食べたらいいと思います。でも、それが毎回では身体の調子も悪くなります。

普段から自分が食べるものに対して自覚的になり、その食品にどんな成分が含まれているかをチェックしながら、身体に取り入れる癖をつけてほしいと思います。

4）できれば自炊。忙しいときは、玄米を炊くだけでもOK

最短で垢抜けたいなら、**外食よりはなるべく自炊をする**のがおすすめ。

料理ができないなら、最低限、玄米ごはんだけでも炊いて、納豆と食べるだけでもOKです。

もし余裕があれば、野菜や肉はオーガニック食材の方が望ましいです。

ただ、若いうちはオーガニック食材を買うのはコストもかかるし、難しいと思うので、まずは自炊だけでも十分です。実家暮らしで親が料理してくれる人は、感謝して家でご飯を食べる習慣をつける方がおすすめです！

5）お菓子をやめる

もうおわかりの通り、甘いものっていうのはとにかく身体に悪いです。

なぜタバコや酒は規制されて、お菓子が規制されないのか、と疑問に思うぐらいです。

ポテトチップスのような塩っからくて脂っこいものも同じです。本当にあなたの何十年後かを考えると、やめた方がいいですよ、としか言えないです。それでも僕もたまに食べちゃいます（笑）。まあでも週に1回程度です。

習慣化するから思い出して食べたくなります。食べないという習慣を作れば、タバコと同じで興味がなくなります。

6）水しか飲むな

日頃から飲む飲み物としては、**水以外はおすすめしません**。厳しそうですが、この話は全然厳しくありません。

甘い飲み物はカロリーも高いし、甘くないお茶も添加物が入ってるからロクなことはありません。

ゼロカロリー飲料も最近では多いですが、それらに使われている人工甘味料に関してさまざまな意見があるので、僕は選びません。


人間の身体の6割は水だとされています。

なるべく水道ではなく、天然水（ペットボトルでもOK）を飲みましょう。

いい水分をたくさん摂って、老廃物を洗い流してください。

7）大切な人との食事は、きちんと楽しく食べる

ここまでいろいろと食事に関する僕のルールをご紹介してきましたが、大切な人、
例えば、**友達や家族と食事するときは食べたいものを食べてます。**

今まで言ってきたことと全然違うじゃん！　という意見もあると思うけど、逆に、友達とご飯に行って「肌のためにこれは食べたくない」とか言ったら人間関係も築けません。

食事はやっぱり人生の楽しみでもあるので、人との食事の時間は「自分にとっての楽しい時間」として楽しめばいいです。

あまり厳しくしすぎても長続きしないので、楽しむべきところは気を抜いてよいと僕は思っています。

僕も、友人と外食に行くこともあるし、旅行先ではおいしいものをたくさん食べたい。だから、たまにはいいんです。時間帯や回数はあまり気にせず食べています。

身長は伸ばせる

今でこそ低身長でも個性としてみなされて、気にしない世の中になってきているけど、背が低いことをコンプレックスに思っている人は結構いると思います。

なんならよく、僕のInstagramのＤＭで「身長の伸ばし方教えてください」「どうしたら身長が伸びますか？」って連絡をくれる子もいるぐらい、「身長の伸ばし方」って注目を集めているように感じてます。

実際、僕の身長は「183センチ」。日本人男性にしては高い方。だけど、バレーボールもしていた僕も実は身長でめっちゃ悩んでいたのです。だから、身長を伸ばすためにいろいろ試していました。

医学的な根拠は全くありませんが、身長を伸ばすために僕自身が実践していたことを、ここでまとめてご紹介します。ぶっちゃけ、背の低さで悩んでた子どもの頃だったら絶対読みたいし、やってみたいって思うし、**実践して背が伸びた成功法しか書いてません**。

必ず身長が伸びることを保証はできませんが、身長が伸びる可能性を少しでも上げたい人は、ぜひ試してみてください。

1) とりま運動

さっきも書いたように、僕自身、中学校に上がるまでは普通の身長でした。そんな僕が中学生の頃に身長が伸びた要因の一つに、部活があると思っています。

僕自身は中学時代、バレー部に入っていました。よく、「ジャンプする部活は背が伸びやすい」って言いますよね？

僕もそうでしたし、そういうデータはあります。ジャンプすることで、「骨端線《こったんせん》」

背が伸びるメカニズム

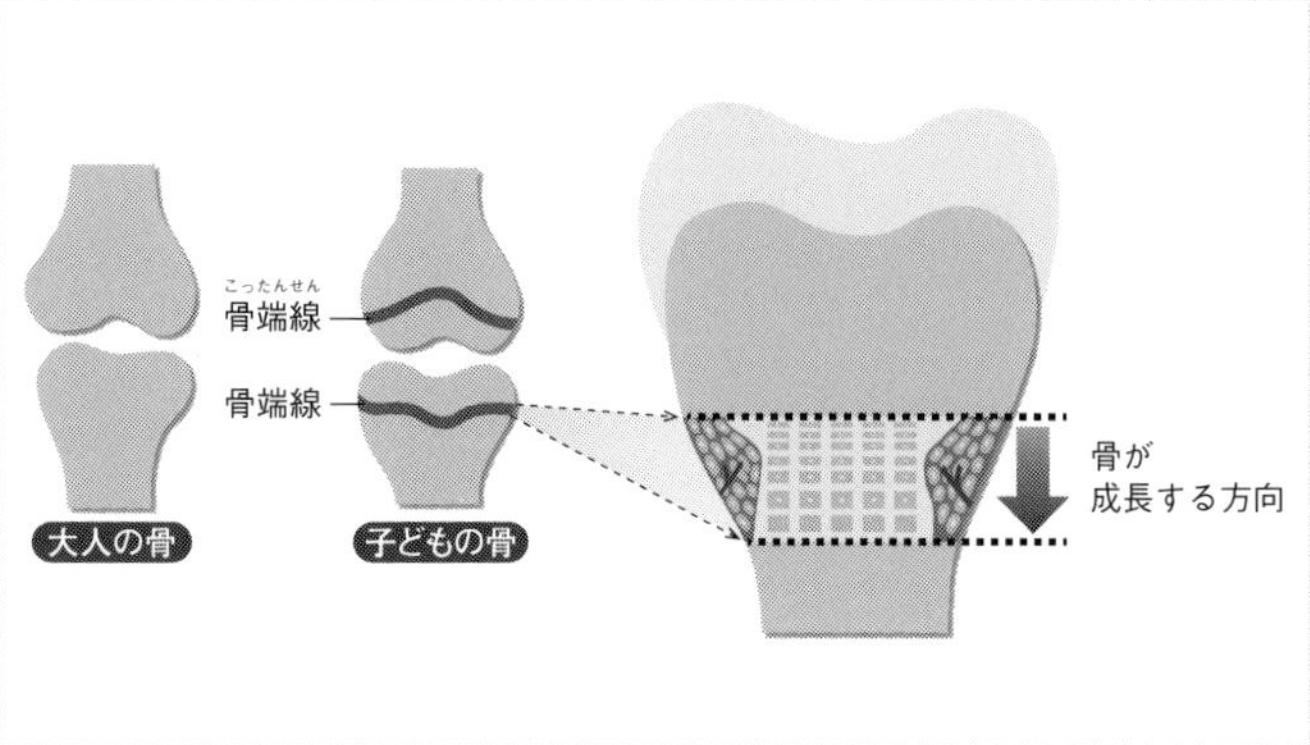

雪印メグミルク「骨ちょっといい話」参照

を刺激するから背が伸びるようです。

まだ成長期にいる方は、ぜひ運動部に入ってみてください。できれば「ジャンプ」をたくさんする部活がおすすめです。

2）亜鉛最強

亜鉛を摂ると身長が伸びると言う人は結構多いです。

脱毛予防にも効果があるとのことで、「将来マジでハゲたくない」って危機感を持っていた僕は、高校の頃から亜鉛のサプリメントを飲んでいました。

そのおかげかわからないけど、髪はしっかりと生えているし、背も伸びたし、なんならスタミナもついた気がします。そんな気がするということは結果としてはオーライです。

サプリを買うのはちょっとなって人は、レバーやホウレンソウ、牡蠣《かき》、卵にも亜鉛は豊富に含まれているので、普段からの食事で摂取するといいかもしれないです。

医学的な根拠は乏しいのですが、試す価値はあると思います。過剰摂取しなければ副作用もないし、特に男性にはスタミナをはじめ、いろんな意味で良い効果もあるので、ぜひ試してみてほしいです。

これも〝身長を伸ばす方法〟で調べると必ず出てきます。

3）とにかく寝ろ

高校時代、1年間で10センチ身長が伸びたときにやっていたこと、それは1日9〜10時間睡眠でした。

寝たくて寝てたって言うよりも、勉強とか嫌なことから逃げてたから寝てたんですけど、今考えるとちょうど良かったのかもしれません。

「寝る子は育つ」という言葉通り、睡眠が大事ってことはもう言わずもがな。寝るだけならお金もかからないので、身長を伸ばしたいならとにかく寝た方がいいに決まっています。

眠ると成長ホルモンが分泌される以外に、精神が安定します。ストレスない方が精神的にも身体的にものびのびするので、身長が伸びるのかもしれません（あくまで個人の感想です）。

4）ストレッチで身体に刺激を

僕が、中学校時代から続けているルーティンのひとつ。
それは中学の部活で覚えた**ストレッチを毎朝毎晩やる**ことです。

今でも、地元に帰ったり、友達に会ったりすると「また背伸びた？」って聞かれることがよくあります。この質問の通り、現在もまだ身長が伸びているんじゃないでしょうか。

ストレッチのおかげだと断言はできないのですが、毎日続けているルーティンが影響しているんじゃないかと思っています。

それにストレッチをすると身体が柔らかくなるし、軽い運動にもなるからリフレッシュできます。

まずはかなり簡単なものからでいいです。ストレッチをして悪いことは何もないと思うので真似してみてほしいです。

5）タンパク質を摂れ

良質なタンパク質を摂ることには敵《かな》わないです。僕自身、10代の頃からいろんな

「身長を伸ばす方法」をチェックしてきましたが、**共通して「タンパク質を摂れ」と言っている**気がします。

僕自身も高校2年生からプロテインを毎日飲み始めましたが、その時期から勢いよく身長が伸びていました。

タンパク質は、肉はもちろんのこと、卵や豆などから摂取できます。良質なたんぱく質をたくさん摂って試してみてください。

6）寝る前に伸び

正直言って、ここまで説明してきた「身長を伸ばす方法」は成長期の人向けでした。

「じゃあ成長期じゃない人はどうすればいいんだよ！」と怒る方もいらっしゃるでしょう。安心してください、裏技もあります。

そのうちのひとつが、**伸びをすること**です。

寝ながら伸びをすると、一時的ではありますが、身長が伸びます。

人は睡眠から目覚めたときの朝の時間帯が、身長が一番高いです。生活している間に重力で身長が少し縮んでいきます。昼でも夜でも時々、横になって伸びをする習慣をつければ、今より1～2センチほど高い身長をキープできるはずです。

7) 厚底スニーカーを履け

これはもう圧倒的です。**厚底スニーカーを履くこと**です。手っ取り早く効果を得るには、はっきり言ってこれが一番です。

昔は「シークレットシューズは恥ずかしいもの」と言われていましたが、最近のトレンド傾向もあって、7～10センチくらいまで身長が盛れる靴も多いです。GUなんかにもあるくらいです。

今僕が持っているスニーカーも、ソールが高いものが多いです。ハイブランドも厚底を取り入れているので、もはや厚底靴を履くことは恥ずかしくもなんともありません。むしろ時代を押さえているし、履かない方がダサいと言っても過言ではないです（2023年現在）。

服で、人生は変わる

外見編

2

他人は見た目でしか判断しない

悲しくもこれが人間の本質です。

「おしゃれとは、他人に見せるものではない。本来はその人が好きなものを着ればよいのだ」

その気持ち、大いによくわかります。でも、はっきり言います。見た目が変われば、周りの反応も明らかに変わります。**結局は「人は見た目が9割」**なのです。

買い物に行くとき。学校で同級生と話をするとき。知らない人と初めて会うとき。服装が変わるだけで、世間の評価や対応はびっくりするほど変わります。

たしかに、僕も「おしゃれは自己表現」という考え方は、素敵だと思います。

ただ、僕は「他人の目から見ておしゃれに見えること」を重要視しているので、本書でお伝えするのは、あくまで他人から見て、垢抜けて、おしゃれになれる方法です。

なぜなら、おしゃれな人の方が断然モテます。それに、自分自身を「ダサい」と思っていたら、いつまでも自信は生まれないし、垢抜けられません。

さらに言えば、ファッションは「センスが大事」だと思われがちですが、実はいくつかのセオリーに基づいて服を選び、着こなせば、誰でも簡単に、最速でおしゃれになれます。

このSTEP2では、僕がお伝えする最低限の垢抜けポイントをご紹介します。

カジュアル3：キレイ目7

まず、鉄則のひとつは、服のアイテムのバランスを、**カジュアルとキレイ目を「3：7」の比率で取り入れる**こと。

「カジュアル」とは、スニーカーやサンダル、デニム、スウェットやTシャツなどのカジュアルなアイテムのこと。

「キレイ目」とは、革靴や黒のスキニーパンツ、テーラードジャケットのようなトラッドな定番アイテムのことです。

「なぜ日曜日の私服姿のお父さんはダサいのか」考えたことはありますか？

なぜなら、スニーカーやサンダルをはいたら、ジーンズやスウェットパンツなどのカジュアルなアイテムを合わせた上に、キャップやリュックなどを身に着けると、すべてのアイテムが、〝カジュアル一色〟になってしまうからです。

これはカジュアルだけに限ったことではありません。あらゆるファッションは、よほどハイセンスな人でない限り、一つのテイストだけでまとめあげると、どこか野暮ったくなってしまうのです。会社用のスーツで毎日デートに行ってもおかしいですよね。

だからこそ、全体の7割ほどをキレイ目アイテムにして、3割をカジュアルにす

これがカジュアル3：キレイ目7の黄金比。

ると、**丁度良いスキが生まれて、多くの人に「あの人、センスがいいな」と思ってもらえるファッション**になります。

たとえば、デニムをはくなら、キレイ目なジャケットに革靴を合わせてみる。

お気に入りのスニーカーを履いてみるなら、キレイ目な黒のスキニーパンツにYシャツを着てみる。

この法則は、昔、僕がファッションについて全くわかっていなかったころ、憧れていたファッションインフルエンサーさんが紹介していたものです。

当時、僕も半信半疑で取り入れてみたところ、この方法は絶対だと気が付きました。まずは騙されたと思って、「カジュアル3：キレイ目7」を取り入れてみてください。

服を買うなら、白か黒

服の合わせ方がわからない。そんなときに**大切なのが、白か黒を選ぶこと。**

正直、僕自身のブランドでもいろんな色の洋服を出してはいるのですが、特に**初心者に買ってほしいのは「白」「黒」の2色。**スウェット、パーカー、ニット、ジャケット……さまざまなアイテムがありますが、白か黒を選びましょう。そこに、黒スキニーと革靴を合わせると、コーディネートはまず失敗しません。

選ぶならば、柄物ではなく、無地がいいです。

柄物アイテムは着こなしが難しいので、よほど気に入ったものか、ファッション上級者以外は、できるだけ選ばない方が無難です。事実、僕自身、この白と黒でコーディネートを散々繰り返した末に、ようやく柄物のアイテムを着こなせるようになりました。

白と黒のコーディネートに慣れてくると、次第に色を足したくなります。

しかし、色が派手になればなるほど、着回しするのが難しくなり、着る場面も限られてきます。

僕も、過去にはミント色のパーカーや赤いスウェットなど、「いいな！」と思ったアイテムを衝動買いしたことがあります。が、いざ思い返してみると、着る機会がほとんどありません。特に冬物は値段が張るのに、下手したら、冬に1回しか着なかった……なんてことも頻繁にあります。

洋服に慣れていない人ほど、つい目移りして派手な色の服を買いがちで、結果的に全体がまとめづらくなります。おしゃれな方は4～5色を使う人もいますが、基本的にとても難しいのでおすすめはしません。

もし、垢抜けつつも色を使いたいなら、**全体の色数を「3色」までに抑えてコーディネートする**こと。これを守っていれば、スタイルは決まります。

3色を選ぶにしても、色にはいろんな組み合わせがあります。

失敗したくない人は、まず「白と黒＋1色」でコーディネートを試してみてください。「白と黒」がベースにあるなら、残りのもう1色に何色を持ってきても、スタイルが決まります。

無論、2色や1色の方がラクです。

白と黒のコーディネートに飽きてきた人は、**「アースカラー」を意識するのもおすすめ**です。

アースカラーは自然にある色で、寒色系と暖色系に分かれているのですが、青とか緑とか寒色系なら寒色系でまとめ、茶とかオレンジとか暖色系なら暖色系でまとめる。この法則に則って、コーディネートを組んでみると白と黒を使わなくてもまとまるようになります。

アクセサリーは3つ

おしゃれに見せたいなら、特に**女の子にウケるコーディネートがしたいなら、アクセサリーは少なければ少ないほうがいいです。**

しかし、一つもつけないのは逆にダサいとまでは言いませんが、もったいないです。

アクセサリーが好きな人は、ピアスをつけたらネックレス、そして指輪も……といっぱいつけたくなるもの。

でも、アクセサリーをじゃらじゃらつけている人は、怖い印象や子どもっぽい印象を与えます。

あと、注意したいのがトレンドアイテムです。

トレンドアイテムは、何個も一気にコーディネートに取り入れると、かなり奇抜になります。**トレンドアイテムを取り入れるなら、1～2点だけ**が基本です。逆に言えば、1～2点だけに抑える方が、おしゃれだと思われやすくなります。

多ければ多い方が良いわけではないんです。他人ウケを狙うなら、の話ですが。

この冬なら、ハーフジップのアイテムやグラフィックT。柄はボーダーやグラデーションがトレンドです。スタジャン、カーディガン、デニム、ダウンジャケットがアツいです。

ここまでにお伝えした法則「カジュアルとキレイ目は3：7のバランスで」「使う色は3色以内」を守った上でトレンドアイテムを1～2点取り入れると、「あの人、今っぽいな」と男女から思われるコーディネートを実現できます。

低身長は「丈」に注意

身長が低い人でも、おしゃれに見せるコツはいくつかあります。

まず、注意すべきは「丈」です。

おしゃれを目指す上で、ひとつのハードルとなるのは「身長」であることは事実ですが、着こなし次第でおしゃれになり、垢抜けられます。

具体的には、**身長が低い人ほど、丈が短いトップスを選んでください。**

長いトップスを着ると腰の位置が下がって見え、それに伴って、足が短く見えます。僕自身は丈の長いトップスは好きですが、身長の低い人や足を長く見せたい人は、トップスが短めなものを選んだ方がいいです。

同じく、**背の低い人が避けるべきアイテムが、コートなど丈の長いアウター類**です。丈の長いアウターは、低身長の人のみならず、身長ある人が着ても足が短く見えます。

低身長の人でコートが着たい場合は、ロングコートではなくピーコートみたいな丈が短めのコートを検討してください。もし、**丈の長いアウターを着るときは、な**

るべくインナーをタックインするか、ショート丈のインナーを選ぶだけで、バランスがとれて、足が長く見えます。

ボトムスについては、最近流行っている**「ワイドパンツ」は絶対に避けた方がいい**です。

ワイドのパンツをはくと、横に広がって見え、余計に足が短く見えるからです。

横幅の違う同じ高さの長方形を2つ並べた場合、細い方が「長く」見える現象があります。これと同じで、ワイドパンツとスキニーパンツでは、ワイドパンツをはいている方が、圧倒的に足が短く見えます。

さらに、ワイドパンツはフルレングス以上の長さではくことが多いので、パンツの裾がつま先にかかることもあります。オーバーサイズの服はトレンドだしかっこいいですが、これをやると身長の低さをさらに強調し、スタイルが悪くなります。

低身長な方がパンツを購入するときには「股下が広め」「ワイドシルエット」「丈

長め」というこの3つはNGだと心得てください。

逆に、**おすすめなのが、くるぶし丈のパンツ**です。靴下や肌を裾からちょっとのぞかせると、足が長く見えます。

また、**スキニーパンツを選びたくない人は、ワイドパンツでもハイウエストではくと、足が長く見える**はず。ぜひ試着してみてください。鏡の前で「こんなに違うの?」と驚くはずです。

騙されるな

服一着買うのもタダではありません。限られた資金の中、いかに的確に、使いまわせる服を買うかは、垢抜けを目指す僕らにとっては大問題です。

できるだけ、予算内でより良い買い物をするために、**多くの人が失敗しがちな買い物ポイントがいくつかあります。**

よくあるのは「セールだから買う」というパターン。セールになると3～4割値引きされるのは当たり前。1万円の商品が70%オフになっているのを見ると「お得だな！」と思って、買ってしまう人も多いはず。

たしかに、シーズンが始まったときに欲しかったけど、高くて買うのを諦めたもの。それらがセールになったから買うのは、いいと思います。でも、基本的には割引品を買うのは、あまりおすすめしません。

なぜなら、その服がセールで売られているのには、次のような理由があるからです。

「人気がなくて売れ残った」「季節はずれになってしまった」「店頭展示品で少し汚れている」など。

でなければ、セール品として売られるはずがありません。これらを考えると、「本当にその品を買うべきなのか？」と思わざるを得ません。

お正月に売られている福袋など、その最たる例です。福袋に入っている商品は、基本的には「在庫処分品」です。もちろん、ブランドによってはお客への感謝や宣伝の意味を込めて、良いものを詰め込むケースもあります。でも、あくまでそれは少数派です。

実際、僕自身、これまでに数々のセールで山ほど服を買ってきました。しかし、振り返ってみると、今でも使っているものは何一つありません。

価格に惑わされずに、本当に自分が欲しいものを選ぶ。それが長い目で見れば、お金の節約にもなります。

「セール価格」も要注意。近年、ネットなどを見ていると、「常に」セールをやっているブランドもありますが、これも「セール価格」という言葉でユーザーの購買心をあおるマーケティング手法の一つです。そもそもセール前提で価格を高くつけてます。

「残りあとわずか」とか「在庫1点」というキーワードはあらかじめ在庫数を絞り、売れたら在庫を追加するという売り手側の戦略であることもあります。**本当に悪質**

な情弱商売です。

僕もいまだにこの言葉に騙されて、うっかり買い物をしてしまうことがよくあるのですが、結果的には「なんで買ったんだろう……」と後悔することも多いです。

せっかくの限られた資金を無駄にしないため、騙されないように注意してください。

他人を真似ろ

ここまでご紹介したセオリーは非常にシンプルですが、これだけやっておけば、まず間違いはありません。

ただ、セオリーを気にせずにおしゃれになれる方法があります。それは、**自分が「あの人かっこいいな」と思う人の服装を、徹底的に真似すること。これは仕事でも言えます。**

もちろん昔から、雑誌やテレビに映るおしゃれなタレントさんやモデルさんの服装などを参考にコーディネートを考えるのは当たり前のことでした。

でも、彼らが着ている服のブランドを見ると、全身そろえるのに数十万円以上かかるようなハイブランドだったり、どこで買えるかわからなかったりするマイナーなブランドばかり。だから、十数年前までは、そのコーディネートを真似するのは難しかった。どうしても似たようなものを入手することになるので、どこかコーディネートがちぐはぐになり、「おしゃれ」に見えない人が多かったのです。


でも、現代は違います。

スマホで「メンズコーデ」「メンズファッション」「シンプルコーデ」などと検索すれば、さまざまなコーディネートが出てきます。コーディネートに使われるブランドにしても、手に入りやすい安価なものが多いです。

さらに、ファッションインフルエンサーの人たちは、自分のフォロワーを獲得するために、必死でGUとかユニクロとか手に入りやすいものをお手本として見せてくれています。

発信した写真には「どこで買ったか」「どこの商品か」といったタグを付けて教えてくれる。だから見る側としても参考にしやすくなっています。

そこで表示されるコーディネートを、極端な話、全部丸ごと買って真似すれば、大きな失敗はありません。もちろん、僕のことを真似してもらうのもうれしいです（笑）。

「真似」を繰り返していくと、自然と自分のスタイルが生まれるはずです。

現代のように、SNSで見たものをそのままネットで購入できることは、本当におしゃれになりたい人、おしゃれが好きな人にとっては、とてつもなくラッキーな時代です。ファッションが、どんどん簡単で、チャレンジしやすいものになっている時代だからこそ、楽しまないのは損です。

あと、最後にひとつ。**ファッションは「気にし過ぎない」のも大事**です。**服も好みも、自分がトライ&エラーを繰り返すほどに、洗練されていくもの**です。

だから、初めは多少失敗します。

世の中に行き交う人の服装を見てみてください。みんなどこか変な格好をしていることに気づくはずです。僕だってそう。つまり、本当に「おしゃれだな」と思える人なんて、実は一握りです。

その中で、STEP2でご紹介したような最低限のセオリーさえ守っていれば、「おしゃれな人」に思われます。

自己流よりまず先に真似てみてください。SNSも仕事も全ての成功法がこれです。

垢抜け5大要素

外見編

3

「ウルフ」「マッシュ」「センターパート」

僕が思うに「髪」「眉」「ヒゲ」「肌」「歯」の5つさえ整えれば、最短で垢抜けられるはずです。この章ではこの5つに焦点をあてて、解説していきます。

垢抜けるためには、まず「髪型」は避けては通れないテーマのひとつです。

僕の現在の髪型は、「ウルフカット」ですが、高校時代はスポーツ刈り。当時はセットもほとんどしなかったし、寝癖があれば直す程度。正直、いま、写真を見られたら恥ずかしくなるくらいの芋男でした。当然ながら、服も似合わないし、モテません。

ところが、大学に入って、おしゃれを研究するようになって気が付きました。「髪型を変えると、印象がめちゃくちゃ変わる！」ということに。

左から、ウルフ、マッシュ、センターパート。

では、どうしたら自分に似合って、なおかつ、垢抜けた髪型が見つかるのか。

まずは、**同世代の芸能人でかっこいいと思う人の髪型・流行の髪型を探すところから始めてみてほしい**と思います。そして、「これいいな」と思う髪型の写真を持って、美容院へ行きましょう。

「写真を持っていくのは恥ずかしい」と思うかもしれませんが、美容師さんも写真でイメージを伝えてくれるお客さんの方が好みを把握しやすいので、むしろ感謝されると思います。

僕と同じ年代の人であれば、現在の鉄板は3つ。

僕みたいな「ウルフ」か、王道の「マッシ

ュ」、流行中の「センターパート」。そのどれかにしておけば、絶対に間違いはありません。

どんな顔であっても、なんとなく雰囲気でイケメンには近づけます。実際、芸能人でもこれらの髪型を選んでいる人は多いです。

美容師さんに、このうちのどれかの髪型を伝えれば、彼らもプロなのでイメージは伝わるはずです。

髪は長め、重め

自分の顔にものすごく自信がある人でない限り、髪の長さは、短髪よりもミディアム以上の方がいいと思います。

もちろん、スキンヘッドや短髪でもかっこよくなれる人もいますし、ショートヘアだってかっこいいです。

ただ、僕は自分ではやりません。現在のトレンドが長めなこともありますが、**最大の理由は「顔の面積」の問題**です。

短髪はセットが簡単に見えますが、髪を短くすればするほど、顔の出る面積が増えるし、その人の骨格も出てくるので、かっこよく見せるための難易度が高くなります。結果、短髪になればなるほど、もともと整った顔の方が美しく見えるし、顔の造形も際立ってしまいます。

冒頭の写真でもお伝えしたように、僕も高校時代はスポーツ刈りでしたが、全くモテませんでした。「髪型が整っていればモテたんじゃないか……」といまでも思っているぐらいです（笑）。

長めで重めの髪型は、顔周りのコンプレックスを隠してくれる効果が大きいです。肌の汚さや目の小ささなどもカバーしてくれるし、顔も小さく見える。雰囲気的にもイケメンに受け取られがちです。

僕自身、髪型をウルフっぽくしているのは、自分のコンプレックスである顔のエラの広さをカバーするためでもあります。

だから、美容院で髪を切ってもらうときは、「できるだけ長めに切ってもらうこと」「顔の周りの毛は多めに残してもらうこと」を、ぜひ意識してください。

前髪は目にかかるくらい、かつ重めに切ってもらいましょう。そうすると、おでこや目の周りのコンプレックスを、前髪で隠すことができます。

自分が見せたい部分・見せたくない部分に基づいて、雰囲気イケメンを目指していきましょう。

とりま一旦眉毛サロン

髪型に続いて、**バカにできないのが眉毛の存在**です。

顔の印象を決めるのは「目」ですが、手入れ次第で大きく印象を変えられるのは

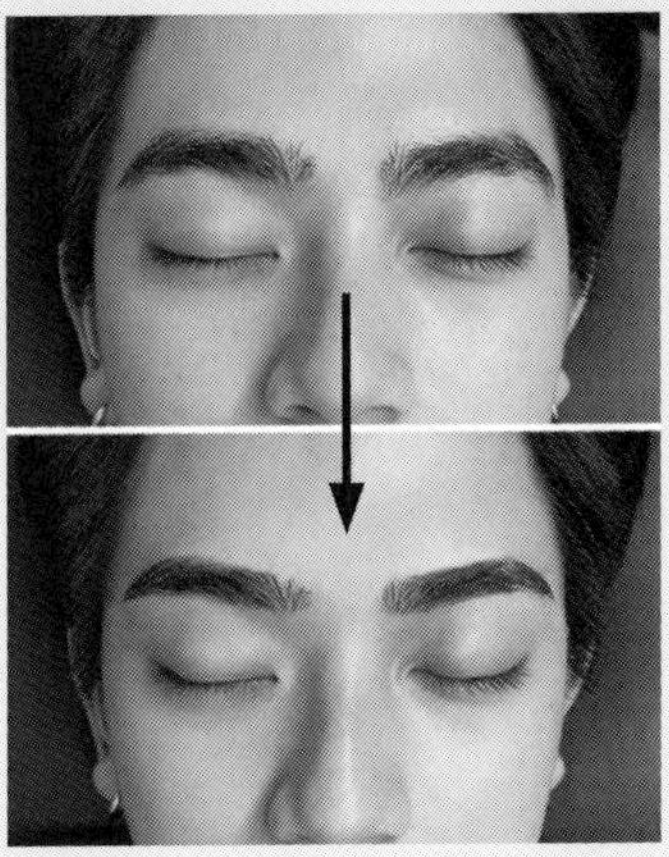

眉を変えると印象も変わる。

「眉毛」です。

でも、眉毛を整えるのは、本当に難しいです。慣れてない人が自分で整えようとすると、どんどん変な形になって、気が付けば眉毛がなくなっている……なんてことも起こりえます。

「自分は眉毛を整える自信がない」という人は、プロに任せましょう。眉毛サロンに行くのです。

僕も、年2回かな？　定期的に眉毛サロンに行って整えています。

眉毛サロンに行けば、どういう眉毛の形が自分に似合うか、今どんな眉毛がトレンドかを教えてもらえるので、ぜひ一度行ってみてください。

眉毛サロンに行ってベースだけ作れば、どこを抜いてどこを補えばいいかがわかるので、**その後はサロンには行かずにしばらくセルフメンテナンスでキープできます。**

「自分の地元には、眉毛サロンなんてない」という人も大丈夫です。今や、眉の剃り方や整え方はYouTubeで調べたらいっぱい出てくるので、それらを参考にしてみてください。

眉毛が薄い人や形が気になる人は、アイブロウで補強するのもおすすめです。

僕自身も、「KATE　デザイニングアイブロウ3D」を使って、眉毛メイクをしています。このアイテムは多くのファッションインフルエンサーの方が愛用しているものですが、僕自身もこれを使って眉毛を整えています。ちなみに、眉毛メイクについてはYouTubeで僕も動画を上げているので、良かったら見てみてください！「眉毛　犬飼京」で検索して要チェックです。

眉毛を整えるのは慣れないうちは難しいし、覚えるのも面倒くさいです。でも、**眉毛の形を整えているかどうかで、天と地くらいに顔が与える印象に差が出ます**。眉毛をいじったことがないという人は、確実に損しているので、今すぐ眉毛を調整してください。

アイドルに「ヒゲ男」はいない

体毛周りで最後に気にすべきことは、**顔周りの毛である「ヒゲ」**です。

ヒゲがあった方が挑戦しやすいファッションもありますが、ヒゲは剃って、顔はなるべくツルツルにしておいた方がいいと思います。

女性にアンケートを取っても、圧倒的に「ヒゲがない男性の方が好き」という人が多いです。

アイドルやホストを見ても、ヒゲをはやしている人はほとんどいませんし、剃り残しや産毛が目立つ人もいません。

僕も毎日ヒゲは剃ってますし、余計な毛はキレイに抜くようにしています。

もしも、剃ったあとが青くなるくらいに**ヒゲが濃い人は、ヒゲ脱毛に行くことをおすすめ**します。毎日カミソリでそる必要はなくなるし、肌もキレイになります。

もちろん、体毛に関しても同じことが言えます。僕は腕や足などＶＩＯ以外の全身を医療脱毛で処理しているので生えてきませんが、すごく快適です。

キレイな肌は大きなアドバンテージ

スキンケアは、男でもやってないとヤバいレベルに到達しています。

とはいえ、スキンケアをどうすればいいのかは、学校や会社では習いません。僕は、コスメブランドを立ち上げたいと思っているくらいの美容男子なので、これまでさまざまなブランドコスメを使ってきました。

でも結局、大切なのは日焼けしないこと、乾燥させないこと、睡眠、栄養です。

正直、コスメはプチプラで良いです。

薬局に売っているものから、自分の肌に合うものを見つけてください。

そろえるべきは、洗顔料、化粧水、美容液、乳液、日焼け止めの５つ。

朝と夜、まず顔を洗って汚れを落としたら、化粧水を肌に浸透させる。その後、美容液をつけて、乳液で肌が乾燥しないように蓋をする。そして、外出する場合は、日焼け止めを塗る。これだけでＯＫです。

最後の日焼け止めに関して男性だと面倒くさがる人も多いのですが、実はこのＵＶカットがかなり大事です。

今はよくても、ちゃんと日焼け止めを塗っておかないと、10年後、20年後に、クレーターやシミ、シワだらけの肌になってしまいます。汚い肌になりたくなければ、毎日、日焼け止めを塗って、UVカットを心がけてください。

繰り返しますが、スキンケアは高い商品を買う必要はありません。大切なのは、毎日の積み重ね。きちんと継続できる人には、大きな成果が生まれるはずです。

ニキビや角栓は絶対に……

肌荒れやニキビ、毛穴の黒ずみが気になると、**角栓を押し出したり、ニキビを潰したりしたくなりますが、その行動は絶対NG。今すぐ、やめてください。**

物理的な刺激が強いと、肌荒れが加速します。さらに、毛穴が開いて跡が残る上、潰した部分がさらに赤くなって炎症を起こして、肌がより汚くなります。

「じゃあ、このニキビをどうしたらいいんだ!」と思うかもしれません。

そんな時は放置しておけば、自然に引っ込むか、ポロッと取れるものなので、絶対にいじらないこと。

手で触るだけでも肌には刺激になって、余計にニキビなどもできやすくなります。**日頃から、なるべく顔をさわらないようにしてみることが肝心**です。

肌荒れがひどいときほど、できるだけ睡眠を長くとりましょう。

この本では、睡眠がいかに大切かを散々お伝えしてきました。でも、僕は**美容においても、睡眠に勝るものはない**と思っています。

以前の僕は睡眠時間が短かったのですが、その当時は肌もボロボロでした。でも、7時間〜8時間以上寝るようになってからものすごく肌も綺麗になったし、髪の毛も綺麗になりました！

仕事の効率や集中力も上がるので、イライラも減って、その点でも肌にはよい影響が出ました。ゆっくり寝ることは、どんなに高い美容液よりも効果があるんです。

病院に行け

どうにも治らないニキビや気になる肌荒れがある場合、さまざまなスキンケアや美容法を試すのももちろんいいのですが、**一番手っ取り早く、かつ、安上がりに肌トラブルを解決してくれるのは美容皮膚科**です。

皮膚科の先生の方が肌については知りつくしています。僕らのような素人がインターネットでどれほど「肌を綺麗にする方法」を調べても、病院で提供される塗り薬や飲み薬には敵いません。

韓国の人は肌がキレイな人が多いですが、みなさん行きつけの美容皮膚科があるとも耳にします。もはや美容皮膚科に行くことは、スキンケアと同じようなレベルなのです。

僕も友達におすすめされて、美容皮膚科に行って、〝イソトロイン〟という薬を自費診療で処方してもらったことがあります。その薬を飲むようになってからは、本当に肌がキレイになりました。もう、驚くほどに。

自費診療の場合、健康保険がきかない分、医者に支払う金額自体は高くなります。でも、そのおかげで人生の悩みのひとつであったニキビができなくなったので、何万円もするデパートコスメにお金を使うなら、むしろ美容皮膚科に行って薬をもらってくる方が何倍もお得に感じます。

ちなみに、僕が飲んだ薬は、肌のターンオーバーを促進する薬だったので、飲んでいる間は副作用として唇がカサカサに乾燥しやすくなったため、絶えずリップクリームを塗っています。

こうした副作用が発生するリスクはありますが、肌の悩みがどうしても解決しないという人は、スキンケアを試すよりも、美容皮膚科でお薬を処方してもらう方が、手っ取り早く効果がでるのではないかと思います。

イソトロインはガチですごいです。5カ月目ですが、本当にキレイになりました。6カ月でやめて良いらしく、その後は効果が半永久的に持続するらしいです。

歯は命

顔の印象を最も左右する「歯」は、相手の印象に残りやすい部分です。だからこそ断言できます、歯は命です。**歯にコンプレックスがあるなら、早い段階で綺麗にしておくことをおすすめ**します。

当たり前のことですが、**歯がキレイな方が清潔感もあるし、何倍増しにかっこよく見えます。**

まず、虫歯がある人はできるだけ治しておきましょう。そして、歯磨き習慣もしっかり身に着けてください。

歯並びが悪いという人は、歯列矯正は早ければ早い方が人生、得します。

歯並びが良いと虫歯になりづらいというメリットがあるので、これから先、何十年と生きていく中で、歯医者さんに支払う医療費を考えれば、矯正を検討するのも決して悪い選択肢ではありません。

もちろん、矯正やホワイトニングはお金も手間もとてもかかるので、お金に余裕ができたら……で、構いません。

でも、仮にハイブランドの洋服を買いたいと思うのならば、しばらくはユニクロやGUの洋服で我慢して、その代わりに矯正やホワイトニングをやった方が後に得られるリターンは高いと思います。そのくらい、僕にとっては「美しい歯」は優先順位が高いです。

歯列矯正やホワイトニングは、昔は芸能人やセレブのものだと思われていましたが、日本でもどんどん一般的になってきました。この傾向は、それだけ多くの人が

「歯は大事」だと思っているからでしょう。

時間とお金はかかるけど、歯は一生ものの財産です。早いうちから、ぜひケアしてください。絶対に損はさせません。

4

外見編

モテる男はもれなく良い香り。例外は認めない

臭いイケメンより良い香りがするフツメンに、人は惹かれる

僕の友人に超売れっ子の外見コンサルタントが一人います。

彼は一人あたり数百万円という高単価なコンサル料を取る一方で、何人もの人生を大きく変えているような人なのですが、彼と僕が共通してモテについて考えていることがあります。

それは「いい匂いでないと、人はモテない」ということです。

僕自身もとても嗅覚が敏感で、かなりの匂いフェチです。「犬飼」だけに（笑）。汗の匂いなどにも敏感に身体が反応するので、臭いが強い人には本気で近づきたくないとすら思ってしまいます。

このように人が嗅覚に強く反応するのは、脳の機能が要因です。

人間は、物理的距離にもよりますが、視覚的な情報よりも嗅覚的な情報の方が先に入ってきます。調べればわかります。そうらしいです。

また、顔の構造の中で、一番前に出ているのが「鼻」なので、それだけ外からの情報が早く入りやすいという一面もあります。

髪や服を整えれば垢抜けてモテる。そう思っている人は多いと思います。でも、残念ながら、「匂い」もモテる要素なのです。

匂いの良しあしは、自分が考えている以上に、相手に大きな印象を与えます。

マッチングアプリでは相手の匂いまではわかりませんが、仮に実際会ってみて、相手の匂いが苦手だった場合、その人のことを良いと思いますか？

かわいいけれども体臭が苦手な人か、見た目は普通だけどすごくいい匂いがする人。どちらと一緒にいたいでしょうか。いろんな考え方があると思いますが、僕は**間違いなくいい匂いがする人を選びます。**

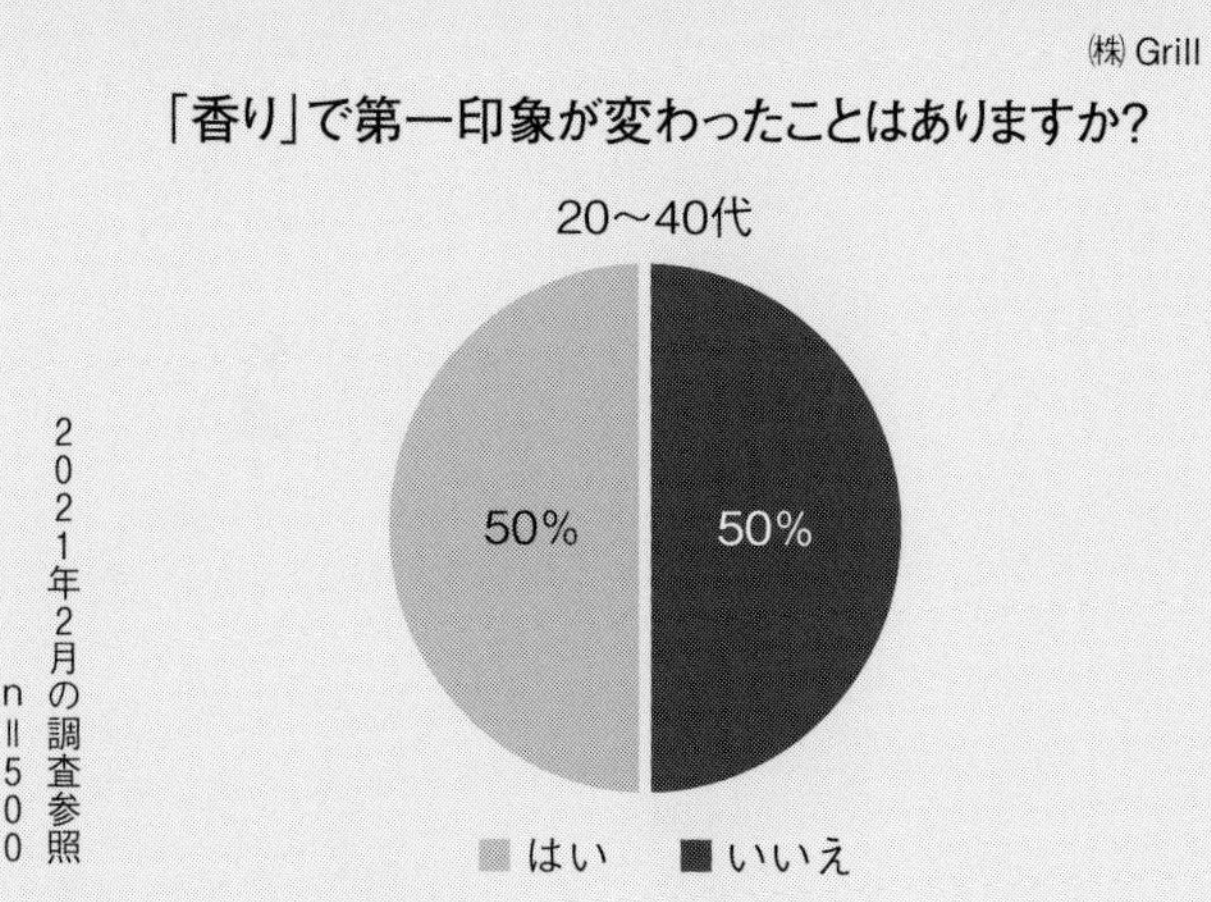

㈱Grill

2021年2月の調査参照
n=500

とある統計では、2人に1人が「匂い」を第一印象として決めているという結果も出ています。僕の実感値としては、10人のうち9人くらいは、匂いで判断しているように感じます。それだけ香りはモテと切り離せない要素。

そのため、STEP4では「匂い」に関する垢抜けテクニックを紹介していければと思います。

とりまおすすめの香水はShiro

まずは香水を手に入れましょう。

「香水を買ったことない」「自分で買えるか不安」という人は、ドン・キホーテの香水コーナーにも十分良い香水が売っているので、かたっぱしから試してみましょう。

香水選びで失敗したくないという人へのおすすめは、「Ｓｈｉｒｏ」です。香り選びに迷ったら、「Ｓｈｉｒｏ」一択です。

「ホワイトティー」「ホワイトリリー」「サボン」と3つのベーシックラインがありますが、どれも間違いなく良い香りです。

「Ｓｈｉｒｏ」は女性向けのブランドなので、女性が良い匂いだと感じる匂いをイメージして作られています。だからこそ女子ウケします。


続いて、香水のつけ方。

「香水はつけすぎると逆効果。つけるなら、少ない方がいい」という人がいますが、僕の持論としては「いい匂いの香水なら多めでもいい」です。本当に持論です（笑）。

先ほどお伝えしたように、香りが相手に与える情報量や印象は非常に大きいです。だったら、**良い香りのする香水をちょっと多めにつけて、「自分はこういう匂いだ**

よ」と相手に強く印象づける人の方が、記憶に残りやすいのでモテます。ちょっとずるいテクニックですが、動物のマーキングみたいなものです。

たとえば、街中であなたと同じ香りをふと嗅いだとき、誰かがあなたの事を思い出してくれます（ちなみにこのテクニックは、知り合いの人気キャバ嬢なども実践しているテクニックなので、信頼性は確かです）。

口が臭い人とはキスもしたくないし、話したくもない、二度と会いたくもない

体臭も大事ですが、口臭はもっと大事です。その理由は、ごく簡単。

みなさんは、口が臭い人とキス、したいですか？

近距離で向かい合って、話したいですか？

……どちらもＮＯですよね。

だから、口臭は徹底的に予防しましょう。

歯磨きをするのは当たり前ですが、**意外と忘れがちなのは「歯の間」**。面倒に感じるかもしれませんが、フロスや糸ようじを使って、歯磨きの前に歯の間を掃除するようにしてください。普段フロスはしない人は、ぜひ一回試してみてください。きっと、自分の歯の間から、ものすごい匂いがするはず……。

仮に虫歯などがなくても、**歯医者に定期的に行ってチェック**しましょう。「最近、しばらく歯医者に行ってない」という人は、必ず行きましょう。**歯石などを取ってもらえば、口臭の原因が減ります。**

ガムは最強の口臭予防

どんなに気を付けていても、口臭が発生することはあります。事前にどんなタイミングに口臭が出やすいかを知れば、対策は取れます。

意外と知られていないのですが、**口臭が発生しやすいのは「口が乾燥しているとき」**です。だから、口の中がなるべく乾かないよう、常に潤していれば、口臭は出づらいのです。

こまめにペットボトルの水を飲んで、水分補給するのもいいですが、僕が実践するのは、口の中に常にガムを放り込む方法です。基本的に外に打ち合わせに行くときや人と一緒にいるときは、僕の口の中にガムが入っています。

なお、ガムは噛《か》まなくても大丈夫です。口の中にガムを入れておくだけで唾液は自然に出ますし、ガムのフレーバーが残るので息もさわやかに。ちなみに、僕はこの習慣は中学時代から続けています。

ガムを噛みたい人は噛んでもよいのですが、ガムを噛み続けていると顎《あご》の筋肉や咬筋《こうきん》が発達して、エラが肥大化してしまうので、「これ以上エラを大きくしたくない！」という人は噛まないで、ただ口の中に入れておく方が良いと思います。**イメージとしては、「いつまでも舐められる無限の飴玉」のようなもの**ですね。

部屋干しはやめろ

見た目はさわやかなのに、近寄ると生乾きの匂いがする……。

これ、本当に残念です。

ただ、若い男性ほど、自分の鼻が慣れてしまって、いま自分が身にまとっている服や衣類の匂いに気づいていません。知らないうちに、服から嫌な匂いをさせないため、洗濯の際にはいくつかのポイントをチェックしてください。

まず注意したいのが、洗濯槽がカビていないかどうか。

洗濯機を買ってから一度も、洗濯槽洗剤を使って洗濯槽を洗ったことがないとい

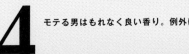

う人は、洗濯槽洗剤を一度使ってみてください。おそらく、洗濯槽にこびりついたカビや汚れが、ワーっと一気に浮き上がってきます。

ちなみに、重曹で洗濯すると、洗濯槽にカビが生えづらくなり、嫌な匂いの原因となる雑菌も取ってくれるので、洗濯槽洗剤に抵抗がある人にはおすすめです。あと、縦型の洗濯機を使っている場合は、蓋は閉めず、開けておくようにしましょう。蓋を閉めると中に湿気が溜まり、カビの原因になります。

注意したいのが、部屋干しです。**部屋干しは外で干すよりも雑菌が繁殖しやすいので、嫌な匂いの温床**になります。もちろん、雨が降って何日も部屋干しをせざるを得ないときもあると思います。その場合は、部屋干し専用の洗剤を使うこと。そして、柔軟剤を「気持ち多めに」使って、嫌な匂いを防ぎましょう。

「香水をつけるのはハードル高い」という人でも、洗濯がきちんとできていたり、良い香りの柔軟剤を使っていたりすれば、嫌な匂いにはなりません。それくらい

「洗濯」は大切です。

家の臭さも要注意

意外な盲点として忘れがちなのが「家の匂い」です。

もし、好きな人が家に遊びに来てくれたのに、相手から「部屋が臭い」と思われたらショックも大きいです。ちなみに、家が臭《にお》う人はだいたい服も臭《くさ》いし、残念ながら、本人も臭い場合が多いです。

一人暮らしをしている人も、これからする予定の人も、いつかは友達や彼女が家に遊びに来ることがあると思います。繰り返しになりますが、香りはその人の印象を大きく決める存在です。仮に**部屋の匂いが良ければあなた自身の印象も良くなるし、部屋の匂いが悪ければあなた自身の印象も悪くなる**のだと心得てください。

だからこそ部屋干しは絶対にやめてください。

余談ですが、僕の祖母はものすごく綺麗好きな人で、いつも家を清潔にしていました。どの部屋にいるときも良い匂いがするので、僕は祖母の家に入り浸るようになりました。**家が良い香りだと、その家に住んでいる人への好感度も増すだけでなく、「この部屋にもっといたい」という気持ちになりやすい**のです。一流のホテルは必ず最高の匂いがします。

また、洗濯物と同じように、室内でも雑菌やカビが繁殖すると、嫌な匂いの発生源になります。だから、ここでも**大事なのは「家の換気」**です。

特に注意したいのがお風呂場。換気しないとカビが生えて掃除も面倒になり、どんどん汚れが溜まっていきます。

この事態を避けるため、お風呂も使わないときは扉を開けておきましょう。窓があるところはできるだけ開け、窓がないなら換気扇を回し続ける。常日頃から換気していれば、カビも生えません。掃除もラクです。

「部屋は人の心をうつす鏡」と言うぐらいですから、部屋はその人の人生をあらわします。

濡れたままにするな

「髪を乾かすのをさぼって自然乾燥させる」「汗をかいたシャツを着たまま」はNGです。悪臭やカビの原因になります。

ベッドは枕やシーツ、掛け布団も含めて、定期的に洗うようにしてください。人間は夜寝ている間に汗をたくさんかくので、ベッド周りはもっとも湿気がこもりやすい場所のひとつです。

ちなみに美容業界では本来、枕カバーは2日に1回は取り替えた方がいいと言われています。

ただ、そこまで頻繁に交換するのは現実的に難しいところもあると思います。それでも、最低でも1週間に1回くらいは洗うのが理想的です。

このくらいの頻度で交換しておけば、臭いはもちろん、肌が清潔に保たれてニキビなどもできづらくなるので一石二鳥です。

5

内面編

モテる男＝お金を稼げる男

STEP4までは外見的に、垢抜ける方法をご紹介してきました。STEP5からは、内面的に垢抜ける方法をご紹介していきます。

なぜお金が必要なのか

女性からも男性からも憧れられる人になるために、欠かせないのは「お金」の存在です。

本当にくだらない、身もふたもない話かもしれませんが、お金が支配する資本主義社会において、モテるためにお金を稼ぐことは欠かせません。

くだらないのは、お金ではなくて資本主義のルールです。

これは、昔、人類が狩猟採集民族として生きてきた時代から、変わらない事実です。

人間が本能のままに生きていた狩猟採集民族だった頃には、より多くの獲物を獲得した人ほど多くの子孫を残すことができました。その理由は単純で、大きな獲物を得られる人は、それだけサバイバル能力が高く、生き延びられる確率が高いからです。だから、たくさんの獲物を持ち帰る人ほど、モテたのです。

その後、狩猟時代から農耕時代に移行した後も、より広い土地を持ち、多くの収穫物を得られる人の方がモテるようになります（無論、武士の方がモテます）。

現在の日本でも、その構造は変わりません。

数段に食糧事情が豊かになった現代では、食糧に代わる存在が「お金」であり、**お金をたくさん持っている人ほど人気になってしまうのは、当たり前のこと**です。

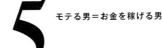

そして、世の中の大部分の悩みは、お金があればたいがいのことは解決できるし、「お金がないこと」で発生する悩みは驚くほど多いです。

たとえば、あなたの大切な人が難病にかかったとき、お金がなければ黙って見ているしかありません。でも、お金があれば、世界最高の医療を受けさせてあげられ

結婚相手に求めるもの

※複数回答可

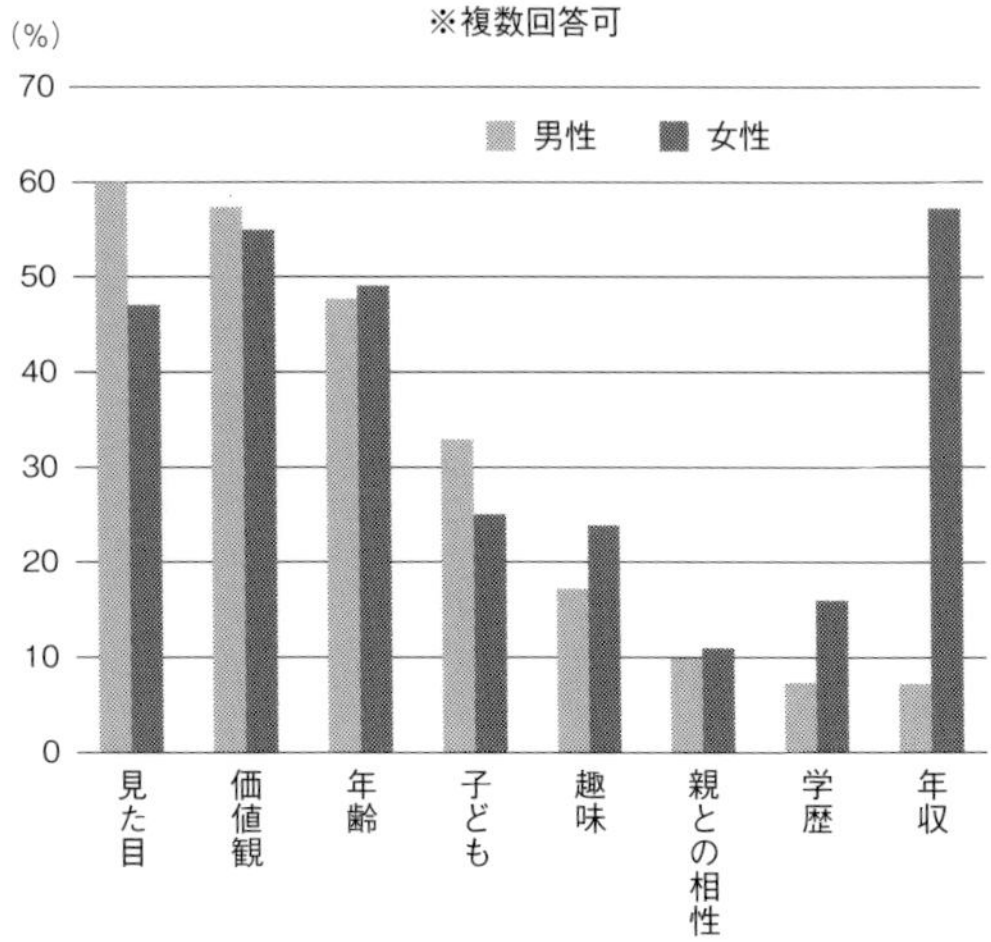

「森とうゆうこの幸せ結婚相談室」より引用

るし、その人がやりたいこと、欲しいものを何でも叶えてあげることもできるでしょう。仮に残念ながら命が助からなくても、「自分の中でやれることはやった」という満足感は残るはずです。

恋愛も同様です。年配の男性でも、お金さえ持っていれば若くて美人な女性と一夜を共にできます。風俗がその最たる例です。数万円払えば、ネットで選んだ自分好みの美しい女性と時間を過ごすことは、簡単です（本当はこんなこと書きたくありません。でも、あなたに知ってほしいのです）。

特に「結婚」となれば、見た目よりもお金の方が重要視されるという実情があります。

結婚相談所や婚活相談所などの出すデータを数々見てみると、女性が男性に求める条件と男性が女性に求める条件は全く異なります。

男性は、女性に対して求める要素として、年齢、見た目、性格などを重要視しますが、**女性が男性に対して求めるのは、収入や年齢**など。右ページ上のグラフを見ても、男性と女性が結婚相手に求めるものは異なることがわかるでしょう。

モテて、いずれは結婚したいなら、お金を稼ぐ能力を磨きまくることが最短ルートです。これは断言できます。

就職したらまずは1000万円を貯めよう

「1000万円もの大金を稼ぐなんて、並大抵のことじゃない」と思う人も多いかもしれません。

でも、余計なことにお金を使わなければ、1000万円の貯蓄って実は簡単です。

1000万円を目標に貯金すること。話はそれからです。

たとえば、僕がSNSを始める前までは毎月9万円で生活していましたが、毎月の可処分所得が25万円だったので、16万円余りました。それを1年間継続させて、192万も貯めました。このように約5年間我慢してお金を貯め続ければ、1000万円はすぐ貯まるはずです。しかも、大人になるとボーナスがありますが、仮に25万と見積もったとしても楽に生活できるはずです。

お金は水の流れと同じで、ダムのように堰《せ》き止めることが豊かさにつながります。いつでも使えるお金があれば生活と心の安定と男の余裕につながるのです。

僕は子どもの頃からとにかく不安症で、「自分が貧乏になって、自由な生活を送れないんじゃないか」とずっと思って生きていました。

その不安が高まり過ぎて、高校時代には「将来の大学生活の資金にしよう」と50万円も貯金しました。

当時の僕はバイトしていませんでしたが、お年玉やお小遣いを徹底的に貯めました。さらに、電車通学時の電車代を節約するために歩いて学校まで行ったり、昼食代の500円を使わず、家から持ってきたカップ麺やポテチでランチを済ます。と言った日々を送っていましたが、「お金がなくなったらどうしよう」という不安の方が強くて、あまり苦には感じませんでした。

また、大学時代は、家賃や食費、スマホ代などを切り詰めまくった結果、先にも書いた通り、9万円で生活していました。

SNSを始めて、ブランドを立ち上げてからは、大学4年生の時点で年収は1000万円以上に。それでも「今後ビジネスがどうなるかわからないので、コストを増やして失敗したら怖い」という不安から、ずっと家賃6万円のアパートに住み続けていました（最初は4万円ほどの家賃の家で生活していました）。

現在、年商30億円以上を稼ぐようになっても、同じ金額を稼いでいる人たちに比べると家賃もさほど高くない家に住んでいるし、圧倒的に庶民的な生活をしています。

いまだにお金に対する不安は持ち続けていますが、**「いざとなったら生活費９万円あれば生活できる」という想いは、心のセーフティネットになって、自分を支えてくれる**ように思います。

マネーリテラシーを身に着けよう

マネーリテラシーとは、経済的に自立して、よりよく生活するために必要なお金の知識、そして判断力のことを言います。

モテる男になるためには、**自分自身のお金に関する知識を高めて、この世の中をサバイバルできる力をつける必要があります。**

今、この本を読んでいる方は、僕と同世代か、あるいは僕よりも若い方が多いはずなので、お金にまつわる知識を早めに蓄え、自分が今後どんな対策が取れるのかを知ってほしいのです。なぜなら、**早い者勝ちなので、早く準備した人の方がメリットは大きい**からです。

お金に関して学ぶことはかなり多いです。勉強する内容は、お金の性質、お金の稼ぎ方、どんな仕事が儲かるのか……あるいは、NISAやiDeCo、小規模企業共済など、投資に関する知識に目を向けるのもいいでしょう。

本書では詳しい投資の話は書きませんが、すごく簡単で効果絶大な投資の仕方を一つ教えます。「若さ」というメリットを使えば、時間はたっぷりあるので、お金を増やすことは意外と簡単にできます。

それは、**インデックスファンドに1000万入れてください**。

すごく難しい話だけど、まずは最後まで読んでください。

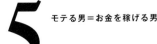

たとえば、あなたが僕の助言に従って、無事に1000万円を貯められたとしましょう。そのお金をそのまま貯金しても、世の中がインフレ傾向になって物価が上がれば、時間と共にお金の価値は落ちてしまいます（デフレが続いたと言われる日本でも、近年物価が上がっているのはご存じの通りです）。

このように、マネーリテラシーがあれば、一生お金に困ることはありません。僕もちゃんと勉強していますし、インデックスファンドに入金していますので、おすすめです。

今話した内容を理解してくださった方は、こんな魔法のような話があるんだと思うはずです。ですが、氷山の一角です。世の中のお金を稼ぐ方法はたくさんあるから、お金の知識をつけましょう。

お金の知識は未来の自分の武器になる

そんなお金の知識は、学校では教えてくれません。

反論は承知の上で言いますが、数学の微分を覚えたり、理科で化学式を覚えるよりも、**まずはお金の勉強をすることの方が大切だと、僕自身は思っています。**


僕がお金の勉強を始めたのは、大学3、4年生の頃です。着実にSNSでお金を稼ぎ始めていた頃ですが、全くお金の知識がなくて危機感だけを抱いていました。

しかし、周りのインフルエンサーや経営者の影響で勝手にお金の知識を得ていきました。すると、資本主義の仕組みや、お金の本質がわかっていき、すごくおもしろくなってきました。そのおかげもあってお金に関してだけは、自ら積極的に勉強を続けることができました。


世の中で勉強がおもしろくないと思う人が多いのは、みんな内心「これを勉強して、将来、何のメリットがあるんだろう」と思っているからこそ。

無駄なことに時間と労力を使っても、やる気が出ません。目の前にうまそうな餌がないのに、「何千メートル先にうまい飯があるから、今すぐ走れ！」と言われても、走れないですよね。だって、具体的にうまい飯もわからなければ、走るメリットも見えないから。

お金に無関心な人は、世の中にはいませんよね。おそらく、本能的に、みんな強い興味を持っているはずです。

繰り返しになりますが、お金の勉強は学校では教えてくれません。もし、みなさんがお金の知識を知りたいなら、今はYouTubeなどの動画が無限に転がっているので、自ら学び、その知識を武器にしてください。

若いうちはまだ可能性もあるし、**家族や立場などの守るものもないからリスクも取れる。贅沢に慣れていないので節約もできる。これって、実は大きなアドバンテージ**です。

だからこそ、早い者勝ち。若いうちにお金の知識を身に着け、そのメリットを最大限に生かしてほしいと思います。

お金の勉強は、YouTubeから

お金の勉強をする上で、本を読むことをオススメします。

僕はまず、YouTubeにある本の要約チャンネルを見て、本の全体像を掴むようにしています。いきなり、一冊を読むのは大変ですし、本屋に行ってたくさんある本の中から選ぶことも大変だと思いますしね。

本の要約チャンネルでよく観ているのは「フェルミ研究所 FermiLab」です。全編漫画だから、すごくわかりやすくてスルスル頭に入ってくるからかなりオススメです。

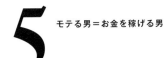

動画で全体像を掴んだら、早速本を読んでみましょう。

僕がおすすめしたい投資本、それは**投資家で作家の本田健さんが書いた『ユダヤ人大富豪の教え』（大和書房）という本**です。とてつもなく有名な本なので、ご存じの方も多いかもしれません。

まだ読んだことがないという方に向けて、簡単に内容を説明すると、この本では、一人のアメリカ人の老富豪と出会った日本人青年が、大富豪の教えに従って資産を増やし、人生を豊かにしていく物語が書かれています。

お金の知識も着くし、僕のバイブルとして大切にしている本は**投資家の与沢翼さんが書いた『ブチ抜く力』（扶桑社）**です。学校ではまったく教わらない内容ばかりなので、僕にとっては本当に刺激的でした。

人生は、いつチャンスが来るかわかりません。ワンピースに出てくるロジャーも言いました。「人には必ず出番がある」と。

いざ、チャンスが来たときに、自分がお金や仕事、社会の仕組みについて知識があるかどうかで、結果に大きく差が出ます。

本書の冒頭でもお伝えしたように「仮に今は理解できなくても、何かの知識を知っておくこと」はとても大切です。

今、この本を読んでいる人のうち、何%の人が経済的に成功するかはわかりません。

成功してもしなかったとしても、この本は将来絶対に人生に役立ちます。だから、この先もじっくり読み進めてください。

お金の稼ぎ方は「誰が」×「何をやるか」

お金は、労働時間に比例して収入が増えるわけではありません。

お金を稼ぐ方法は無限にありますが、この本の中では「これをやったら稼げるよ」とはお伝えできません。

なぜなら、**お金の稼ぎ方は、「誰が」×「何をやるか」で大きく変わるから**です。

たとえば、「1時間バイトして稼ぐ」という選択肢を取るにしても、時給100

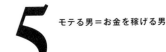

0円でファミレスで働くこともできるけど、美人でスタイルの良い若い女性であれば自分の容姿を武器にできる仕事を選べば時給5000円で働く選択もあります。

頭がとんでもなく良い人なら、今手元にある1万円でFXや株を買って、一瞬のうちに莫大な資産に増やせるかもしれません。

だから、あなたという人間を知らない以上、「これをやったらお金が儲かる」とは決して断言できません。

自分がどうしたら一番儲かるのかは、きちんと自分自身が知識を持って精査する必要があるのです。

得られる対価は「自分の価値」×「どんな仕事をするか」

先ほどもお伝えしましたが、多くの人は、**得られる対価は、「自分が何をするか」×「時間」だと思っていますが、大きな勘違い**です。

もらえる対価とは「労働の質×内容」で決まります。つまり、何をするか、ということです。

仮に時給1000円のコンビニバイトの職を得た場合、10時間働いたら対価として1万円もらえます。時間をかければかけるほどにもらえるお金は一定金額として増えていくから、「長く働いた方がお金は稼げる」と多くの人が思い込むのは当然です。

では、料理人を例にとって考えてみましょう。同じ「料理人」にしても、ミシュラン三ツ星店の料理人と肩書きのない料理人では、給与が全然違うはず。それは、その人自体の価値とスキルの内容が違うからです。

ミシュラン店の料理人は、ほかのレストランでは提供できない洗練された料理を出すスキルがあります。そして、そう大衆から思われています。そのスキルが凝縮された1皿の料理に対して大金を払っても「食べてみたい」という人が、高い対価を払うからこそ、高い給与をもらうことができます。

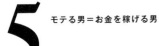

一方、一般的な料理人は、違います。

この話からわかるのは、**自分の価値を高めれば、もらえる対価も上がる**ということです。

SNSのインフルエンサーの場合も、非常にわかりやすいです。インフルエンサーは、そのフォロワー数が「価値」としてみなされます。

仮に企業から「何かをPRしてほしい」と広告案件の仕事を依頼された場合、同じ商品を同じやり方で宣伝しても、フォロワー1万人とフォロワー100万人のインフルエンサーでは、当然得られる対価は後者の方が断然多いです。

僕もかつて頑張ってフォロワー数を増やし、SNSでインフルエンサーとしてバイト代を遥《はる》かに凌駕する金額を手に入れたとき、「同じ仕事であっても、〝誰がやるか〟によって金額は変わるのだ」と気が付きました。

この真実を就職前に体感できたのは、人生において本当に大きな収穫です。

自分の価値を上げるには自分の「好き」を掘り下げろ

では、どうしたら自分の価値が高められるのでしょうか。

僕の本では、楽しんで価値を上げる方法をお伝えします。

その方法は、**自分自身の気持ちが高まることを突き詰める**、これ一択です。**つまり、ワクワクすることをしてください。**

自分がお金をもらわなくてもやりたくなることなら、他人から命令されなくても努力できるし、圧倒的に集中できるので、結果が出やすいからです。

だから、自分の気持ちが高揚することを見つけたら、がっちり捕まえて離さないでください。それが自分の価値を高めてくれる仕事になる可能性が、ものすごく高いです。

今の話を言い換えると「好きなことで生きていく」という流行りの言葉に聞こえますよね。その通りなんです。

僕の場合も、もともと仕事にもなってないのに趣味として、四六時中時間をかけてファッションSNSに写真を投稿し続けたことが結果になって、今があります。ワクワクして夢中になれたからです。

一方で、「自分が何に対して気持ちが上がるかわからない」という質問をよくもらうのですが、これに対しては、**まず「行動」しかありません。**

「これがいいな」「おもしろそうだな」と思ったら、やってみてください。

やりたいことが複数ある人は、全部やってみる。「将来の仕事につながりそうだから」などと打算的には考えなくて大丈夫です。

趣味という形もいいし、バイトでもいいし、友達と一緒にやってみるのもいいでしょう。とにかく動かないと、何も見つかりません。

この話を聞いて不可思議に追われる方が大半でしょう。なぜなら、仕事はつまらないものだと思っている生きている人が多いからです。そう思っている親や大衆によって教育され、価値観を刷り込まれているのです。

万人に共通して「これをしたら自分の価値が高まって、稼げるようになる」という方法はありませんが、先にも挙げたお金の勉強を深めると、どんどん「自分の価値」がわかってくるようになります。

経験や知識を深めることは、お金に対して敏感なセンサーを持つダウジングの機能を自分に搭載するようなもの。センサーは、本を読んだり、自分で実践したりすることで必ず感度が上がります。

そして、あるタイミングで自分が得てきた経験や知識が高まって、「これだ！」とピンとアンテナが立つ。その**アンテナが立った対象を、絶対に逃さないで、やり抜いてください**。その先には、きっとあなたにしかたどり着けない世界があるはずです。

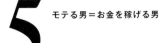

「仕事と趣味は別物」という考え方は日本の洗脳だ

「好きなことで稼げるわけがない」
よく聞く言葉です。果たして本当にそうでしょうか。
僕はその言葉自体、日本社会の「洗脳」によるものだとしか思えません。

実際、僕もずっと、「好きなことで稼げるほど、世の中は甘くない」と言われて育てられました。夢を貫こうとすると「お前にはもう期待していない」と捨て台詞《ぜりふ》も吐かれていました。

学生時代、スポーツクラブや飲食店、チラシ配りや工場勤務など、何十個ものバイトをしましたが、興味があって始めたけど、どれも自分にとっては好きなことではありませんでした。

真面目じゃないし、好きなことでなければやる気もでません。だから、どこに行ってものけ者扱いでした。僕自身、もう働くのが嫌すぎて、月のバイト代は2万5000円くらい。当然上司や先輩からは目をつけられます。「お前はダメだな」「邪魔だな」などと言われるのは日常茶飯事。

スーパーは3時間で退職しました。自慢ではありませんが、寒いし、腰も痛いし、回転寿司のレーンのような流れ作業が苦痛だったんです（当然、スーパーの仕事を軽視しているわけではありません）。

当時は「バイトもできないダメ人間だな」と思いました。バイトは至極つらかったです。今にして思えば、自分がやりたくないことが何十個もわかったのは収穫だったし、「自分はやりたくないことはできない人間だ」とわかったのも良かったと思います。

その想いが募った末に、SNSを仕事にするチャンスが舞い降り、「やりたいことをやって生きていきたい」と思って、ファッションの世界に飛び込む決意ができました。そして現在に至ります。もしあのまま我慢して暮らしていたらと思うと、今の自分は確実に存在していなかったでしょう。

嫌なことを我慢してやるのではなくて、自分にとって嫌なことを把握するのも大切な経験です。失敗も含めて行動を積み重ねるほどに、「自分の好きなこと」が見つかるはずです。

得られるお金＝喜ばれた総量

僕がお金をたくさん稼ぐようになってから、**自分の人生で得られるお金の量は、自分が誰かを喜ばせた量の対価である**ということに気が付きました。

この話は多くの本にも書いてありますが、正直僕自身、全く納得していませんでした。むしろ、「そんなわけなくね？」ってちょっとバカにしていたかもしれません。

ところがいざ、自分が経験してみると、この言葉は疑う余地のない真実だと感じています。

もし、自分の周りに、お金に困っている家族や友達がいたとしたら、お金で悩みや問題を解決して、その人を守ることができたらすごく幸せですよね。

お金は人生で一番大事なものではないけれど、お金で解決できることはすごくたくさんあります。お金を持っていないがゆえに、自由が失われたり、人間としての尊厳が踏みにじられたりするなんて、できる限り避けたいです。

世の中には、詐欺や強盗など悪事で大金を稼ぐ人もいます。でも、悪事で稼いだ場合は、やっぱりどこかで誰かの恨みも買うし、非難されたり捕まったりするリスクも付きまとうので、心の底から幸せには決してなれません。

では、宝くじのようにラッキーで得たお金も、なかなか人を幸せにしません。実際、宝くじで大金が当たった人は自殺率が高いという統計もあります。偶然の幸運で当たったお金は、人の妬みを買いやすいため、最終的には金銭的な部分以外で、その人を破滅に導きがちなのでしょう。難しい話ですが、お金＝エネルギー、お金には人の念が宿るのです。

自分が幸せになりながらもお金を稼ぐ方法を考えるなら、人を喜ばせる必要がある。これは決して忘れてはいけない法則だと思います。だから、脱税もせず、たくさん稼いで貢献しましょう。

大学1年生から続けてきた「寄付」の習慣

今日からできる一番効果がある方法は「募金」です。

習慣的に募金するようになったのは、大学1年の冬からです。

当時の僕は失恋して、死んでやろうと思い詰めていました。バイトもやめたし、表面的につながった薄っぺらい関係の友達しかいなくて、毎日が本当につまらなかった。そんな中、本を読んでいたら、「成功したかったら募金しろ」という言葉が、目の中に飛び込んできました。
半信半疑ながらも募金を続けるようになると、自分の心に変化が生まれていくのがわかりました。

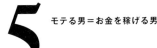

しかも、僕がやっている募金はすごく単純です。
コンビニやスーパーに行って、レジ横にある募金箱に自分の財布に入っている10円玉、5円玉、1円玉など、10円以下の単位の小銭を全部入れるだけ。
これなら誰にでもできるし、生活に差しさわりもないし、財布も軽くなる。良いことずくめです。

この習慣が身に着くと、募金箱を見たら、自分の財布を確認して小銭を入れるようになります。そして、募金をしたとき、どこかあたたかくて幸せな気持ちが生まれます。イメージとしては、母の日にお母さんに花を渡すとき、誕生日の友達に誕生日メールを送ったとき……のような感じでしょうか。

募金を通じて、毎日この気持ちを感じることが大事だと思っています。この感情が自分の潜在意識に「自分には人に分け与えられるほどの豊かさがある」という思考を刻み込む効果があるからです。思考は現実になります。

本書のＳＴＥＰ６でも後述しますが、**人間の意識は、自分自身が把握している１割の顕在意識と、自分では日々ほとんど意識しない９割の潜在意識で成立する**と言われています。

割合からも分かると思いますが、潜在意識の持つ力は絶大です。成功者のほとんどが潜在意識を利用しています。

潜在意識（心の奥底にあり、本人も気づかない意識）が「こうだ」と思い込むと、人間は顕在意識（認識している意識）がどう思考していても「こうだ」と決めた方向に現実を引き寄せます。

うさんくさいと思うかもしれません。が……これはマジな話です。

社会貢献で自責の念も解消できた

ちょっと意味のわからない小見出しかもしれませんが、僕の中ではすごく大切な経験なので、ここは特に読んでほしいです。

小見出しに書いてある「自責の念」とは、自分を責める気持ちのこと。僕は昔から自己肯定感が低く、何か問題が起こるとすぐに自分を責めてしまう思考の癖がありました。

それが改善されたのは、ある大きな不動産会社の社長さんの発言がきっかけでした。

その社長さんとビジネスについて話をしているとき、**「日頃から、自分のためにだけお金を使うのではなくて、他人のために使うという気持ちがあるからこそ、皆に貢献するためのサービスや商品も生まれる」**とおっしゃっていました。

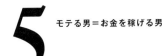

慈善団体を運営しているような方なのですが、日頃から寄付や募金をしているようで、僕も同じようなことをしていると伝えると、「よくそれに気が付いたね。君の年齢で気づくなんて、すごく早いよ」と告げられたのです。

僕は、自分のブランドを設立してから、創業日には毎年何百万円単位の募金を行っています。毎年、業績が上がるごとに、募金する金額は増やしています。多額のお金を募金するたびに、**「お金を稼ぐことは、人に貢献し、人を幸せにすることなんだな」と実感**します。

昔は自分がお金を稼ぐたびに、「こんなに自分だけが儲かっていいのだろうか」という罪悪感を抱くことがありました。でも、事業創立の1周年の際、100万円を寄付したとき、「あぁ、自分はこのために働いているのかもしれない」とストンと腹に落ちたのです。

以来、自分の中で迷いがなくなり、売上が伸び始めたのです。

Amazon.com創業者のジェフ・ベソスをはじめ、世の中の大富豪たちが募金を頻繁に行うのは、きっと「募金をしてお金の巡りをよくすることが、自分たちにとってもプラスになる」と気が付いているからでしょう。

もちろん、経営者の人たちがみんな社会をよくするために仕事をしている……などというキレイごとを言うつもりはありません。

基本的に、僕も含めた経営者は「自分が金持ちになりたいから」こそ、経営者になっています。その一方で「人のために何かできればいい」という気持ちがなければ、ビジネスは成功しません。

人のために何かして、喜んでもらえたことが自分に返ってくる。結果的に「人のために」と思って生まれた商品やサービスが、世の中に受け入れられる。その仕組みがわかれば、募金をはじめ、誰かのためにお金を使おうという気持ちがどんどん湧いてくるはずです。

「お金持ちは卑しい」というイメージは作り物

日本の教育では「お金持ちは悪い人」「お金を稼ぐのは卑しいこと」というイメージが刷り込まれていますが、**お金を稼ぐことに卑しいことなど1ミリもありません。**

むしろ、お金を十分に稼げれば余裕ができるので、大半のことにはイライラしなくなるし、困っている人を助けてあげられる優しさも生まれます。

この本を読んでくれているあなたにも、稼いで稼いで稼ぎまくって欲しいし、周りの人を幸せにしてほしい。それに、自分で払った税金が、この世の中の誰かのためになっているならば、それだけですばらしい。

自分が出したお金によって、楽しさや喜びを周囲が感じてくれたら仕事を頑張るモチベーションにもなるはずです。

さて、ここまでの説明で感付かれている方もいるかもしれませんが、お金を稼ぐ人はモテるんです。豊かになれるんです。お金を稼ぐ人はモテるんです。豊かになれるんです。

その理由はもう、ここまで読んでくださった方だったら、言わなくてもわかってもらえてますよね。

その感覚をつかむための第一歩が、募金です。

何百万、何十万円も募金する必要はありません。まずは、10円単位以下の小銭を募金することからスタートしても、決して遅くないと思います。

熱中している男はかっこいい

内面編

6

モテるにはブランディングが不可欠

お金に続いて、モテる男に欠かせない要素。それは「ブランディング」です。

みなさんは、歌舞伎町のホスト・ローランドさんをご存じでしょうか？　ホスト界の帝王と呼ばれ、現在は実業家としても活躍する究極のモテ男です。僕も僕の友人も密かに憧れています。

ローランドさんには、お金持ち、No.1ホスト、イケメンなど、すごい要素がたくさんあります。でも、憧れる理由はそこだけじゃありません。むしろ、ほかにあります。

それを表すのが、ローランドさんの名言として知られる「俺か、俺以外か」という言葉。この言葉にヒントが隠されています。

この言葉からわかるかと思いますが、ローランドさんは「ローランド」というキャラクターがものすごくはっきりしていて、唯一無二の存在です。

ローランドさんはローランドさんしかいない。だから、価値があるのです。ローランドさんご自身がすごい人であるというのは間違いありません。ただ、その一方で、ローランドさんは自分の価値を高く見せる「ブランディング」がすごく上手な人とも言えます。

そして、**モテる男は、この「ブランディング」がめちゃくちゃうまい**です。


服に例えて考えてみてください。

グッチのタンクトップはなぜ9万円で、GUのタンクトップは900円なのか。その理由はグッチの方がGUよりも素材がいいのはもちろんですが、希少性やデザイン性が高く、ブランドのストーリーも深いなど、さまざまな価値があるからです。

人間関係についても同じです。女性の立場から見て「この人と会える時間やこの人と喋れる時間、この人とLINEができる時間には、ものすごく価値がある」と思わせられる男になることが、最高のブランディングになります。

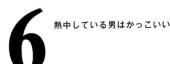

逆に考えると、「この人と似たような人は大勢いるし、もっと優しい人も大勢いる」と思われる「その他大勢」と見なされる人は、ブランディングがうまくいっていないということです。しかし、安心してください。この本を最後まで読んで理解してくれれば、ブランディングは簡単に作れることがわかります。

イケメンでなくても、目標がある男はモテる

前置きが長くなりましたが、ここからがいよいよ本題です。

では、どうしたら「この人と会えること、付き合えることには価値がある」と思わせることができるのか。その**最短の方法は、「女の子にモテること以外に目標を持つこと」**です。

僕らの周りにいる「イケメンでもないのにモテている人」の多くは、おそらく部活や仕事、サークル活動など、何かしらにすごく熱中している人ばかりです。何か

に向かって頑張っている人は、素敵です。それは、男の自分から見ても思います。

社会人以降は、顔や身長よりも、仕事ぶりや働きぶり、収入の多さなど、「その人が何をやっているか」の方が、モテに大きく影響します。

むしろ、無趣味でいつも暇そうにしていて、何も頑張ってなくて、常に女の子の事ばかり考えている男は、どんなにイケメンでも魅力を感じてもらえません。

たとえば、女の子とデートしたとき「俺、最近仕事がつまらないからやめたくてさ。明日も仕事行きたくないんだ……」と鬱々とした表情で話している人と、一方、「この後、大事な会議があるんだよね。この会議でずっと前から自分がやりたかった仕事ができるかどうかが決まるから、すごく燃えているんだ」と目を輝かせながら話す人だったら、どちらが魅力的か。もうわかりますよね、間違いなく後者の方がかっこいいです。

さらに、人生に目標がなくて、女の子のことしか頭にない人は、ほかにすること

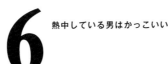

がないので相手をつい追いかけ過ぎてしまいます。自分からすれば一途なつもりでも、女性側からすればウザいし怖い。どんなに自分を好きだと言ってくれても、痛い人にしか見えません。

特に若い男女ほど、麻薬のように恋愛に依存してしまうもの。

過去の僕もそうでした。最終的には嫉妬深くて執念深い痛い彼氏になり、見事にフラれました。当時の自分を思い返すと、「本当にダサかった」と思わざるを得ません。

恋に溺《おぼ》れていたら、学生時代という大切な時期に、仕事や勉強、部活などの大切な時間を体験できずに終わってしまいます。

僕のように実際に火の中に飛び込んで、「あ、火って熱いんだな!」と知るのも経験として悪くないでしょう。ただ、僕のような経験者の意見を知って、「火は触ったら熱い」という知識を事前に得ておけば、ご自身の人生でしんどい状況を回避することができます。恋は一過性の精神疾患。覚えておいてください。

余談ですが、**仮に目標がなかったとしても、「女性にがっつかない」振りをするのはかなり重要**です。なぜなら、「女性に対してがっついていない人ほどモテる」は真実だからです。

僕もこれまでに、たくさんの合コンに行ってきました。そして、合コンに出席するたびに、どんな男がモテるのかを知るべく、周囲を観察し続けてきました。

自慢できることではありませんが、これまで少なくない数の合コンや飲み会に行って思ったのは、モテる人は女性にあまり興味関心を持たない人（あるいはそう見える）です。

「合コンだから」と気合を入れている人ほどモテないし、大体失敗します。「あ、今日は合コンだったんだっけ？」くらいの軽い気持ちでふらりと訪れている人の方がモテます。

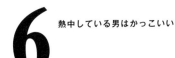

その理由は、やはり「余裕」です。**余裕がない男は何か焦りや目的が透けて見えるのでモテない**。

「合コンで誰かと良い関係になるぞ！」などと気負わず、「結果はともかく、この時間を楽しもう。そして、この同じ時間を共有してくれる大切な仲間たちに今日を楽しんでもらおう」と思っている人の方が気さくにふるまえて、スマートです。

いま現在目標がない人が、ひとまずモテるために女性に気のないふりをするのもいいのですが、まずは「女性にモテること以外の目標」を持ってほしい。そして、その**目標を追いかけられる人間になれば、女性からもいつしか追いかけられる人間になれるはず**ですから。

人から押し付けられた「夢」は持つな

「夢や目標を持て」なんて言われても、まるで合唱コンクールの歌詞のようで幼稚に聞こえるかもしれません。しかし、夢のない人生は白黒の絵画のようなもので、夢や目標の数だけ色とりどりで華やかな「人生」という絵画が描けます。別に大それた夢を持ってほしいと言ってるわけではありません。

夢は、どんなものでもいいのです。STEP5でご紹介したように、自分にとって気持ちが高まるものであることがベストです。

ただ、ひとつ注意してほしいのが**「人から押し付けられた夢や目標を目指さない」**ということ。

若い頃ほど、親や学校の先生などの影響を受けた夢や目標を抱きがちです。

僕の両親は、かなり教育熱心な人たちでした。そんな両親が呪文のように唱えていたのがこの一言。

「良い学校に行って、良い会社に入れば、人生は安泰だ。だから、お前も頑張って勉強して、良い学校、良い会社に入れ」

いつしか僕の将来の夢も「良い大学に入って、安泰な人生を目指す」ことになっていました。

だから、中学、高校に入っても、勉強ができなかったことは強い負い目になったし、見栄を張って大学に入った後も、「自分は勉強ができない。だから親の言う良い人生を送れないんじゃないか」というコンプレックスと不安が心の中には残り続けていました。僕の自責の念はこういったことの積み重ねでしょう。

しかし、いざ大学に入って、SNS投稿を始め、インフルエンサーになることやブランドを立ち上げていつしか会社を作ることを目標にして気が付いたのは、「自分の目標の達成には、学校の勉強はほとんど役に立たなかった」ということです。

誰よりも熱心に育ててくれた親の苦労と愛情には心底感謝していますし、今後たくさん恩返ししたいと思っています。

ただ、あれほどまでに強いコンプレックスを抱いていた成績も、大人になってしまえば意味がなかった。これまで抱いていた不安や苦しみはなんだったのだろうとすらも悟りました。

中学や高校で好きでもない部活に入ったのも「帰宅部よりは周囲の人にかっこいいと思われるかもしれないな」と思ったから。見栄を張ってこの大学に入ったのも、「日東駒専（日本大学、東洋大学、駒澤大学、専修大学の4大学の総称）以上なら、最低限父親も気持ちよく学費を払ってくれるはずだ」と思ったから。

すべて、人の目線、人の印象、人の価値に従って、自分の人生を選んできたんです。でも、それは間違っていたし、ムダでした。もう一度言います。大間違いです。

あなたもかつての僕のように、人の目線や価値観で物事をはからないでください。**将来進むべき道を選ぶときも、「人がこう思うから」「人からこう思われたくない」とか他人を物差しにして選んではだめ**です。

親や先生は自分と生きている時代が違います。役目（運命）も違います。仮にその人が成功者であったとしても、同じセオリーが通用するとは限りません。また、今成功している人にしても、その人の意見がすべて正しいと思ってはいけません。その人と自分は違う人間ですから、前提条件が全然違うのです。

親も先生も完璧な人間ではありません。

本人は心配で言っている言葉も、結局はどこかで「自分には迷惑をかけてほしくない」「将来、自分を超えてほしくない」という保身も含まれています。

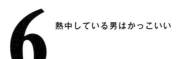

自分の人生に責任を持って生きるためにも、大切な自分の人生のことはしっかり自分で決めましょう。人生は全部自分次第です。

やりたくないことは「嫌だ」って言っていい

日本の教育の悪しき習慣だと思うのですが、日本人は「一度はじめたことは続けなきゃいけない」「嫌なことでも、頑張ってやらなきゃいけない」という意識が植え付けられてしまっています。でも、僕は断言します。**嫌なことは「嫌」だと言っていいし、逃げていい**です。

冒頭でもお伝えしましたが、正直、僕の人生は20歳くらいまで挫折の連続でした。その挫折は、勉強だけではありません。

小学校時代、僕は少年野球のチームに所属していました。でも、万年ベンチ。ひたすらみんなのヘルメットやバットを並べたり、ボールを磨いたりするだけ。毎日、監督からレギュラー入りするメンバーが呼ばれるけれども、少年野球は結局5年間やったわけですが、僕の名前は一度も呼ばれたことはありません。

正直、「野球は自分に合わない」と思ったから、毎日やめたくて仕方ありませんでした。周囲にも「野球をやめたい」と言い続けてきたけど、母も父もやめさせてくれない。

だからか、毎週、少年野球の練習がある土日が来るのが憂鬱で仕方ありませんでした。水曜日、木曜日、金曜日……と土日に近づくたびに、毎日気持ちが重くなっていく。

今でも覚えているのですが、金曜日の昼休みに、小学校の渡り廊下を走りながら「あぁ、明日が来ないでほしいな。野球、もうやりたくないな」と涙を浮かべながら思ったのを覚えています。

中学に入学して、ようやく少年野球から離れることができてホッとしていたのですが、ここでも「何か部活をやらなくちゃ」という謎のマインドのせいで、バレー部に入部することに。

実は僕が入った中学校の中では、校内で一番厳しいことで有名なバレー部でした。今思っても、「お前、なんで入ったんだ！」と笑えます。

人数が少なかったおかげで、なんとか試合に出られたけど、ひたすら「やりたくないのにやらなきゃいけない」という気持ちで、毎日部活に通っていました。

小学校の少年野球の5年間。そして、中学校の3年間。毎日、「努力をしても実らない。自分にはこれと言った才能もないのに、どうしてやらなきゃいけないんだろう」という想いを抱えて、憂鬱な毎日を過ごすことが続いたせいで、僕の自己肯定感は下がり、「何かに挑戦してもどうせ失敗するだろう」というマインドが形成されてしまいました。

今思えば、この時間は本当に無駄だったし、もっと違うことに時間を使えたと思います。だから、僕は自分より可能性がある読者のみなさんに、こう言いたいです。

「嫌なことからは、どんどん逃げていいんだよ」と。

僕自身、これらの経験から気が付いたのは、「自分はやりたくないことは一切やりたくない人間なのだ」ということ。それはあなたもそうです。

やりたいことしかやらないのは、人から見ると生意気に見えるかもしれません。

でも、**自分の人生は自分のもの**です。仮に人生でたくさんの回り道をするにしても、その時間は**「人に言われたこと」ではなく「自分の好きなこと」で埋めた方がいい**と思いませんか。

ゴールがわかれば、走り方もわかる

人は誰しも意味のない行為を苦痛に感じます。

前述の通り、意味もなく好きでもないことを勉強したり、努力したりすることに、魅力を感じないものです。

だから、**目標（夢）を見つけましょう。目標が見つかると「次に自分が何をする**

べきか」が明確になり、「動機＝モチベーション」も生まれます。

「自分は将来こういう仕事をしたい」「これが好きだからこういうことを勉強したい」という**ゴールがあれば、モチベーションも上がって努力できる**からです。

仮に、どうしてもやりたい夢や目標があるなら、本当に熱意のある人であれば、その夢を達成するにはどんなことをしなければならないのか考えるでしょう。

「ロケットを作りたい」という夢ならば、ロケットを作るためにどんな会社に入らなければならないのかわかります。その会社に入るには、どこの大学に入ってこんな勉強をしなければならない……と逆算して「やるべきこと」がわかっていきます。

あとは、夢に向かって、淡々と努力を楽しむのみです。一日一日のそういう習慣の積み重ねが、あなたの人生を素敵なものに導いてくれるでしょう。いまはわからなくても。

自分が本当にやりたいことなら、苦労は乗り越えられる

自分の好きなことなら、誰しも寝食忘れて没頭できます。

子どもの頃、大好きなゲームを買った日は食事や寝る時間も忘れて、ゲームに没頭したと思います。あの体験と同じように、本当に自分がやりたいことで、覚悟を持てる目標や夢のためなら、弱音なんて吐きません。むしろ、悩む前に、やっているはずです。

目標を持つもう一つのメリットは「やりたいことだから、苦にならない」という点です。

僕はアパレルブランドを経営しています。一見華やかな仕事に見えますが、服を作り、販売するまでの間にも、何度も打ち合わせを重ねたり、何度もＳＮＳ発信したり、表には見えない地道な作業がたくさんあります。

それを「嫌だ」「つらい」と思ったことはありません……といったら嘘になるのですが、逃げだしたことはありません。自分がやりたいことを達成するには、必要な最低限の努力だと理解しているからです。

富士山の頂上からの景色を心から見たいと思っている人が、「富士山を登るのがつらい」と言って行かないわけがないんです。富士山の頂上からの景色を本気で見たいと思っている人は、頂上に登るまでの過程も「この先で絶景が見られるんだな」と楽しめるはずですから。

目標に対する努力もこれと同じです。

明確な目標があって、そこに向けて自分がどうしたいのか。入りたい大学があるなら、そこで何をしたいのか。どんな大学生活を送りたいのか。

より具体的に思い浮かべることで、モチベーションが上がるし、勉強も楽しくなるはずです。

逆に**目標もなくてモチベーションも上がらないなら、やらなくていいんじゃない**

かと思います。切り捨てることにも、あなたの人生には絶大な価値があるかもしれません。

たとえば、僕が大学1年生のときに、自分のファッションを投稿するようになって、「もっと頑張れば自分の未来が見えるかもしれない」と思ったからこそ、死ぬ気で頑張りました。

真冬の朝に、古びれたアパートの、エアコンをつけても暖まりきらない部屋の中で、コーディネートを投稿して、「いいね」や「お気に入り」をいろんな人に送って、エンゲージメントを高める。そんなことを日々繰り返して、学校やバイトの行き帰りも、毎日のようにSNSを本気で投稿していました。その日々は一見大変に見えるかもしれませんが、僕にとっては心底楽しいものでした。

もし、**やりたいことや勉強したいことがないなら「今、自分が楽しい」と思うことを思いっきりやって、遊べばいい。**

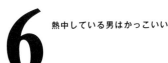

本気で遊ぶことから、自分の好きなものが見えてきます。ゲームが好きならそれを本気でやり込めばいい。この時代、本気になればそのゲームで配信者として食っていくこともできるし、eスポーツのプレイヤーにもなれるかもしれません。実際、僕の友人にもゲームの配信をして、月に数千万円も稼いでいる人もいます。ゲーム会社で働いて、今度はゲームを作る側になってもいいし、好きなゲームを宣伝する人になるのもいい。

本気で取り組めば、何事も無駄なことはないと僕は思います。

目標を見つけたら全力疾走。人の3倍のスピードで

目標自体は持ったものの、思ったような結果がでないとやる気を失いがちです。

僕はこれについては「才能のある・なし」の問題ではなく、「努力が足りているか・足りていないか」の問題だと思っています。

仮に**本気で追いかけたい目標を持ったら、それ以外のことはシャットダウンする**

気持ちで全振りするべきです。今、持ちうる時間とエネルギーを全力で費やしてください。

この当時、**僕が目安にしていたのは、「人の3倍やる」ということ。**

このルールは、投資家・実業家の与沢翼さんが出した『ブチ抜く力』という本の中で出会ったものです。

一度やると決めたことは、とにかく集中して3倍のエネルギー、時間を費やしてやり切る。それでこそ、結果が出るのだと。この言葉通り、僕も寝食を忘れて、投稿に集中した結果、少しずつ成果を感じることができました。

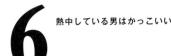

大学2年生のときに僕はWEARというSNSをはじめて、1年後には案件代で気付いたら月に300万円くらい稼いでいて、大学4年生では自社ブランドを出せました。短期間で成果が出た理由はひとつ。圧倒的に集中していたからです。

僕が最も尊敬する実業家であり、日本の自己啓発家の父と呼ばれる斎藤一人さんもこう言っています。

「プロはスピード。加速の法則が働く」と。

もっとも1日は24時間しかないので、その対象に費やす物理的な時間は3倍にできないかもしれません。

でも、食事する間も、風呂に入っている間も、歩いている間も、そのことだけを考えて続けていたら、どうでしょうか。

起きている時間はもちろん、寝ている時間も潜在意識の中でそのテーマを追い続けるくらい、目標に関して頭をいっぱいにする。それでも、本当に目標と思えるものなら、嫌にはなりません。むしろ、考えれば考えるほどにハマっていくので、逆にそれ以外の事は考えられないゾーンのような状況に入っていくはずです。

頭がたった一つの目標を達成するモードに入ってしまえば、何をしていても、自然と目標達成に向けた情報が目や耳から入ってくるようになります。

街を歩いていて素敵な服装の人を見かけたら、「あのコーディネートをアレンジして投稿したら伸びるかな」と思うし、SNSで他人の投稿を見ていたら「この文章いいな。真似してみようかな」などとヒントを得られやすくなって、ますます目標に近づくスピードが上がるはずです。

ここまで読み進めていただいたら、人生で夢や目標を持つことの重要性がわかってもらえたんじゃないでしょうか？

一つのことに専念

たまに「目標はあるが、あれもこれもとやりたいことが多いので、同時にやってもいいか」という質問を受けることがあります。**個人的には、一つ目標を持ったら、それだけに専念した方が成功率は上がる**と思います。

力学でたとえるなら、ものを押したときに多方面から力を加えるよりも、槍のように鋭い集中力で一方向に集めた方が強い力が働きます。

バイトもしたいし、勉強もしたいし、友達とも遊びたい……とやりたいことを分散させると、当然やる気やエネルギーも分散されるので、大きな成果は得られません。

実は、かつての僕も「投稿を取るか、単位を取るか」で悩まされたことがあります。

大学3年生の秋におこなわれたインターンシップのときのこと。僕の通っていた日本大学生産工学部では、企業で1カ月のインターンシップを経験しないともらえない必修単位がありました。

SNSで未来を摑みたいと思うなら、インターンシップをやっている場合じゃありません。でも、大学を卒業するにはインターンシップに参加しなければならない。

いざ、インターンシップ先に行ってみると、僕は少しショックを受けました。

なぜなら、社内はギスギスしていて、「この人たちは何が楽しくて生きているのかな」とすらも思いましたし、働いている人たちがちっとも楽しそうに見えなかったからです。もし、SNSで成功しなかったら、自分もこうなってしまうかもしれないのか……。

そう思った瞬間から僕は、「絶対に自分はここにいちゃいけない」「脱出するには投稿し続けなきゃいけない」「時間がないなら、人の3倍やるしかない」と決意しました。

インターンシップ先の会社は朝の9時出社だったので、まず朝は4時に起きてSNSを更新。1時間ほどの電車での移動中も、うとうとしながら投稿したり、他人の投稿に「いいね」したり、トレンドをチェックしたり。

まったく褒められたことではありませんが、インターンシップ中も上司の目を盗んで、スマホでSNSをチェックし続けました。

そんなことをやっていれば、当然僕だけ仕事が遅れるので怒られます。でも、僕は申し訳なさそうにしながらも、その2秒後には再びSNSの更新を続ける毎日。

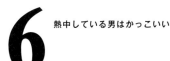

そんな僕を叱るおじさんを見ながら「将来、絶対にこの人よりも稼いでやる」と闘志を持ち続けていました。

終始そんな態度だったので、インターンシップの最後の方は、もはや会社の方々には呆れられていたと思います。もう何の注意もされなくなりました。今思えば、本当に申し訳ないことをしたと反省しています。

ただ、その時の自分には**「これを今やらなきゃいけない。やらないと自分の人生は終わりだ」と本気で思っていた**し、その想いがなければ、今の僕はおらず、ましてやこの本を書く機会もなかったかもしれません。すべてノンフィクションです。

「時間がない」は甘え

結果が出せない人すべてに共通する言い訳。それは「時間がない」です。

この言葉は幻想です。生まれや資産など、人によって生まれ落ちる環境やスタートラインは違います。でも、どんな環境に生まれた人にも、時間だけは平等にある資産です。

一度目標を持ったら、ダラダラする「暇つぶし」に時間は使ってはいけませ

ん。厳しいことを言うようですが、休日や自分の夜の時間、休憩時間、眠る時間を削ってでも、時間を作るしかありません。

これを読んでいる方は、ツイています。特に学生の方は、めちゃくちゃツイています。なぜなら、学生時代は「自分の課題を見つける期間」だからです。自分の課題とは、人生の目標や夢のこと。あり余った時間を使って、気になることはすべて挑戦して、この期間の間に見つけてほしいです。

大人になると、働かないと食っていけないし、家賃や光熱費、税金、保険、食べるもの、着るもの……そのお金を払うために、自分の好きなことをする余裕がどんどんなくなっていきます。本気で楽しいことをやりたいなら、学生時代のうちに挑戦すべきです。

もし、すでに社会人になっている方ならば、飲み会の時間や趣味の時間、睡眠時間を削って、自分の好きなものを探すしかありません。

家に帰ってから寝るまでの時間、朝起きてから会社に行くまでの時間、昼休みなど、すべての時間を費やしてください。

「お前は学生の間に見つけられたからいいじゃないか」と思われる方もいるかもしれませんが、一番仲の良いインフルエンサーさんは、社長になりましたが、社会人になってからＳＮＳを始め、工場で働きながらも、一緒に夢を掴みました。当時、彼に電話すると、後ろからフォークリフトを運転する音が聴こえていたことが、懐かしいです。

もれなくみんな「自分の時間を削って」結果を出しています。

実際、人は好きなことに時間を使った方が、高い成果が出せるし、幸せになれます。死ぬ気でやったって、好きなことだから辛くありません。

むしろ、毎日が楽しい。それって、めちゃくちゃ最高じゃないですか？

「何が悪いのか」考えよう

自分の夢がなかなか叶わなくて挫折しそうなときは、まず、「自分は人の3倍やっているのか」を自問自答してください。

もしも「イエス」なら、目標に向かって走り始めてからどれほどの時間を費やしたか、考えてみましょう。

仮に半年から1年間近く走り続けていてうまくいかないなら、それは何かやり方が間違っています。ならば、逆に言えば、やり方を変えれば、うまくいく可能性が高いのです。

では、何が失敗だったのでしょうか。

SNS上でフォロワーを増やしたい人なら、こういった理由が考えられるでしょう。

自分の投稿の内容が悪かったのか、タイミングが悪かったのか。写真が悪かったのか、文言が悪かったのか。それをよく考えて、もう一度チャレンジしてみてください。**失敗している人に共通することは、「①思考しない」「②思考しても改善するための行動に移らない」、そして「③継続しない」という点**があります。その3つだけです。学歴でもないし、顔もスタイルでもない。

ちゃんといまの3つの理由を補えていれば、必ず現状から脱出できるはずです。

特にSNSでどんな投稿を作ればいいかは、他のインフルエンサーが答えを提供してくれています。

バズっている投稿は、どんなものか。人気のインフルエンサーは何をどう作っているか。どういう文字のフォントや色を使っているのか。言ってしまえば、それらをパクればいいんです。

僕もいいと思ったものはぶっちゃけパクるし、この影響力になるとパクられまくるので、やったもん勝ちです。

僕は、その改善と行動を地道に繰り返した末に、年商30億円の売り上げを手にしました。みなさんも、愚直に改善を繰り返せば、その位の金額は余裕で稼げるようになるかもしれません。だったら、やらないなんて損だと、心の底から思います。本だから、とキレイごとを言うわけではありません。

他人《ひと》の話は聞くな

右の小見出しだけを見て勝手に意味を勘違いする人もいるかもしれませんが、自己流で解釈するのは危険です。しっかり読み進めてください。

すでに前の章からお伝えしていることですが、**他人の意見は基本的に鵜呑みにする必要はありません**。

親や友達、大学の先生たちが、自分にいろんなアドバイスをしてくれるのはありがたい話です。

ただ、僕自身、周囲に「将来SNSで食べていきたい」「会社経営を考えている」という話をしたときには「就職した方が安泰だ」「起業なんてやめておけ」と何度も言われることがありました。それこそ、〝万〟は越えているでしょう。

自分とは違う意見を聞くと、やっぱり誰しも不安になります。どんなに「自分が正しい」と思っていても、やはり気持ちは削られるし、モチベーションもグラつきます。それが、親しい人からの意見ならなおさら。

特に忘れられない良い思い出がひとつあります。ブランドを始める直前、あれは大学の3年の後半だったかな……。

親と親の知人である某アパレル企業の部長と食事会をした際、「君には無理だ」とただただ否定され、諭されたことがあります。

耐えきれなくなって、「腹が痛いから帰る」と嘘をつき、その場を後にしました。

一人、大企業のオフィスが立ち並ぶ渋谷の夜景を眺め、「こんなことに悲しんでいる場合じゃない。この大人たちを見返してやる。早く今日の分の投稿をしなければ」と思い、揺れる心を鼓舞し、近くの渋谷モディにあるスタバに入り、SNS作業をしたことを今でも覚えています。

その日は雨が降っているようで降っていないような、中途半端な天気でした。それはまるで僕の心のようでした。

それでも自分がブランドを立ち上げて、**夢を実現できたのは、そして、経済的に大成できたのは、「やりたい」という強い信念があったから**です。

プライドの高い年上の人は、自分を脅《おびや》かす存在や、自分の敵になりそうな若者や、自分を超えそうな若者を潰したがります。一見、心配しているように見せかけるのですが、それは違います。彼らは、若くしてお金を稼ぐなんで人生にあり得るわけがないと、自らの人生経験で思い込んでいます。

でも、そんな妨害に負けないでください。

あなたが夢を追いかけようとするなら、その夢の規模が大きいほど足を引っ張る人も出てきます。

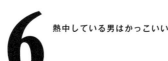

もし、僕があのとき夢を諦めていたら、自分がそういう人たちのせいにして、ずっと後悔していたと思います。そんな人生は絶対に楽しくなかったはず。

もし、今自分が大学生時代に戻れるなら、**「自分の感じていることや考えていることは、全部正しい。人に流されないでいいんだよ」**と声をかけてやりたいです。

極論、他人の意見は疑ってください。

もちろんすべてを排除しろというわけではありません。自分にとって「納得できるな」「意味があるな」と思う意見なら取り入れればいいし、そうでないなら無視したっていいということ。

宇宙の物質だって、地球に広がる海ですら、その実態は5％ほどしか解明されていません。

この宇宙には不思議な力が、そして人間にも無限の可能性が秘められています。

今「正しい」と思われていることだって、すべてが正しいわけじゃないんです。

この本に書かれていることだって、何が正解で何が間違いかなんて、その人によって正解は変わります。だから、自分で答えを選んでください。

ただ、疑うとしたら、何かしら自分で実行する必要はあります。疑う前に一度行動してみる。そして、何かがおかしいと思ったら、自分でその行動をアレンジしてみる。その繰り返しが大切です。実行する前にやめてしまうのは、もっとも弱くて、愚かな行為です。

でも、どうしても迷うときもあります。

いざ自分が迷ったとき。何を信じればいいのかと思ったら、人の意見ではありません。**自分の気持ちを信じれば、それが正解**です。

自分の心が爆発して、喜ぶ方向に動く。自分の直感は、自分にとって一番正しい正解を導いてくれます。

憧れの人を見つけろ

僕が尊敬する人物の一人に、ファッションインフルエンサーのげんじさんがいます。みなさんもご存じだと思いますが、彼はファッション業界で一番影響力があり、20代前半で「ＬＩＤＮＭ《リドム》」というブランドも立ち上げた人物です。

目標を追いかけていると、一人だと時にはモチベーションが下がることもあります。**自分がその人のようになりたいと思えるようなロールモデル、僕だったらげんじさんという目標を持ったことで、強いモチベーションになりました。**

大学時代、いまだに忘れられない思い出があります。

いまだ夢半ば、ＳＮＳをしながらバイトと掛け持ちしていた時代。ＳＮＳで交流があったことから、げんじさんは駆け出しのインフルエンサーであり、ファンの僕を家に招いてくれました。行く以外に選択はありません。

招かれたのは、都心にあるタワーマンション。当時の僕はタワーマンションという概念すら知らなかったのですが、いざ室内に入ると、目の前に広がる光景のすべてが想像以上で、僕は完全に圧倒されました。

高級感のある部屋に足を踏み入れて、まず目に入ったのが、地上１００メートル以上の高さから見えるすさまじい絶景。東京のビルがずらりと並び、人がアリのように小さく見える。部屋の中には、僕が憧れてやまないブランドものの服や靴もいっぱい並んでいて、完全に僕が思い描く「成功者の部屋」でした。

その部屋に圧倒されて、「こんな世界があるんだ」と、僕はただただ立ち尽くすだけでした。

「さすがですね、憧れます」

喉の奥から絞りだすように僕が感想を述べると、げんじさんはこう言いました。

「いやいや、京くんもすぐこうなれるよ」

最初は、「そんなわけないだろう」と思ったのですが、それ以降、インフルエンサーとしての活動をするたびに、頭に浮かぶのがげんじさんの言葉でした。

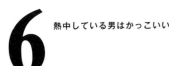

「いつか、自分もあんな部屋に住めるようになりたい。いや、絶対に住んでやる！」

そんな想いがモチベーションになったのか、どんどん活動にも熱が入って、次第に僕の夢も叶っていきました。

僕の目の前にも、かつてげんじさんの部屋から見たときと同じような、東京を一望できる絶景が広がっています。

イツメンはいらない

僕が夢を叶えることができた大きな要因が、もうひとつあります。**「なれ合いの仲間」は作らないこと。**うわべだけの友達は作らなくていいです。

大学時代までは、僕も周囲の目が気になり、さみしくて、いつものメンバー、いわゆる〝イツメン〟グループに無理して所属していました。大学に入ったとき、友達がいない〝ぼっち〟になりたくなかったし、難しい課題やテストの範囲などの情報も共有できないと困るから。

でも、所詮はうわべだけの関係です。グループの中で自分の居場所を作るために、無理して周囲に合わせることも増え、ストレスを感じていました。

当然のことですが、グループ内には発言力のある人もいれば、一方でいじられやすい人もいる。そして、自分がいじられる側にならないように、いつもヒヤヒヤしなければならない。

大学のイツメンに縛られるのが本当に嫌でしたが、「これも大学生活のため」と思って我慢して生活していました。


でも、SNSやファッションという自分の好きなものが見つかってからは、イツメンとうわべだけの付き合いをする時間がもったいないと思うようになりました。

それからというもの、同じように志を持つ数人と必要最低限行動を取るようになりました。憧れの人がいることに加えて、自分と同じような夢を持つ仲間がいると、影響されます。まさに、朱に交わると赤く染まるように。僕自身も、ファッションインフルエンサーの仲間たちと飲み会をして夢を語り合えたのは、モチベーションを高く持ち続ける大きな要因になりました。

この本を読んでくれている方の中には、中高生もいるかもしれません。

「イツメンとはぐれちゃいけない」とか「仲間と仲良くしなきゃいけない」と悩んでいるかもしれません。

でも、無理する必要はないんです。

自分が「苦しい」と思ったら抜け出していいんです。孤独は自分を成長させてくれます。なぜなら、内省※と内観を繰り返し、精神を成熟させてくれるから。

そして、**自分の好きなことに没頭すれば、そのうちその縁を発端にした新しい仲間ができるはず**です。

※「内省」とは、自分の心と向き合い気付きを得ること。「内観」は自分の精神状態を見つめること。

やらない理由は無限に浮かぶ

大学時代、SNSを通じて成長するまでの僕は、とにかく悩む時間が長くて、行動できない男でした。

昔からファッションには興味があったのに、SNSでファッションの投稿を始めるまで、アパレルで働いたことがありませんでした。いや、アパレルで働きたいという気持ちは十分にあったのです。でも、「お客さんに服のことを聞かれたときに、うまく答えられないいんじゃないか」と心配だったから、一歩踏み出せませんでした。

ただ、いざ自分がファッションの世界に飛び込んでみれば、**「もっと早く始めておけばよかった」と思いました。**

YouTubeの配信についても同様です。僕が動画を始める時期は、ほかのYouTuberに比べるとかなり遅かったはずです。

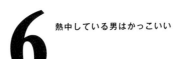

以前から「動画の時代だから、動画で発信した方がいい」と周囲に散々言われていたし、やった方がよいのはよくわかっていました。

でも、頭の中で考えていたのは「やらない理由」ばかりでした。「嫌がらせのコメントが来たら、メンタルが傷つきすぎて、仕事に支障をきたすかも」「せっかく始めたのに、全然人気が出なかったらどうしよう……恥ずかしいな」「自分で動画の編集なんてできないし、ちょっと面倒くさいよな」など、いろんなことを考え過ぎたせいで、行動が遅れてしまったのです。

でも、いざやってみたらYouTubeは意外と簡単でしたし、思ったよりずっと楽しいものでした。

近年僕が大成長できた理由のひとつにも、ショートムービー（1分未満の短尺動画）に周囲よりも先に挑戦できたことが挙げられます。このショートムービーの波に乗る前にも、同じようにやりたくない理由はたくさん浮かびました。けど、この本に書いた通り、「やらなければもったいない」と知っていたから、行動できました。

僕自身の実体験に限らず、やる前は心配だったけれども、行動してみたら実は思っていたよりもすごく簡単だった……という経験をしたことがある人も多いはず。入ってみたい部活がある。挑戦したい趣味がある。行ってみたい場所がある。このようにやりたいことがあるにもかかわらず、一歩踏み出せずにためらいを持っている方は、ぜひ**後悔する前に行動してみてください。しないと、もったいないんです。**

心配性だった僕を支えてくれたのが、「不安の9割は起こらない」という言葉です。実際、過去を振り返ってみても、自分が思い描いていた不安は、ほとんど起きていません。

また、仮に失敗しても、実はあまり問題ありません。

失敗したら、次に違うチャレンジをすればいいだけだし、「次はこうしたらいいのかな」という改善点も見つかります。失敗した直後はつらいかもしれないけど、長い目でみたら失敗はプラスでしかありません。

やりたいことがあるなら、早くやるのが一番。そして、ネガティブな思い込みで行動しない状態は、1円の得になりません。

悩むことに時間を使うなら、**まずは行動**してみてください。

「お金の不安」があれば将来の夢は真剣なものになる

小さい頃から、お金に対する不安は本当に強かったです。

親の教育もあったと思いますが、「お金がないと、自分は自由ではいられない」「お金がないと嫌なことを強制される、縛られた人生を送らなければならない」と思い込んでいました。

将来、お金を稼げず、満足できない状態で残りの人生を生きることが、僕にとって何よりも怖かった。

その不安が現実になることを避けられるのなら、ストイックに写真を投稿して、ひたすらフォロワーを増やす努力をすることなんて、全く苦労ではありませんでした。

「夢に向かって頑張ることは大切だ」とお伝えすると、「なんでそんなに頑張れたのですか?」という質問をよく受けます。

もちろん「楽しんだから」と言うのも大前提ですが、もうひとつの大きな理由は、僕は小さい頃からお金に関する不安を、強く持ち続けてきたからでしょう。

もっと言えば、僕が抱いていた「SNSで生きていきたい」「経営者になりたい」という目標は、厳密に言えば「会社や組織に縛られず、自分のしたいことでお金を稼ぐ方法を得たい」という要素もあったと思います。

数年前までは、仮に自分が年商30億円以上稼げるようになっても、「今日この場で仕事ができなくなって、収入がゼロになったとしたら、どのくらいの資産があるのか」「就職しないといけなくなったら、どんな働き方ができるのか」などと考える日々を送っていました。周りの仲間にそれを話すと、「考え過ぎだ」と言われるくらい。

最近では、そんな不安と反比例して会社のキャッシュも貯まるので、不安は少し落ち着いてきました。というか、気付いたらほとんどなくなっていました。

ただ、**「お金がない！」という不安が、僕を動かす大切なガソリンだった**ことは間違いないと思います。今一度、お金のない人生とお金のある人生の違いを考えてください。

他人のせいにするな

人生はすべて自分次第です。

目標や夢に向かって頑張っていても、失敗することもあるでしょう。

ここで**絶対に覚えておいてほしいのは「原因はすべて自分にある」ということ。**

ここは日本です。生まれ育った背景や環境のせいにするのは、欲張りです。

これは日本の教育の弊害だと思うのですが、現状に満足していない人の多くは、自分に問題点を見つけるのではなく、他人のせいにしがちです。これは、ほぼ100%間違いありません。

たとえば、今の仕事に不満がある大人は、「親に言われて高校や大学、就職先を選んだけど、結果的には自分の好きなことじゃなかった」「世間体が良い仕事をやりたいと思って選んだが、思ったより楽しくなかった」「先生が言ったから」「友達がこれがいいとすすめていたから」など、必ず他人のせいにします。

人の意見をベースに動き、結果に満足いかないと不満を言う。その繰り返しです。

でも、人生は自己責任です。

自分の好きな道を自分で選ばないと、損するのは自分。後でどれだけ文句を言っても、アドバイスをくれた他人は責任を取ってくれませんし、あなたを助けてもくれませんからね。

自分の夢や目標を書け

「何をしたらいいのかわからない」と言う人は、まず、「目標」を書き出してみてください。

目標はあるけれども、なんだか行動が続けられない。それはごく当たり前のことで、人間は、自分で意識して自立しないと自然と怠けてしまう生き物です。

とはいえ、本能に任せて締め切りを設けず、いつまでもやるべきことを先延ばしにしていたら、人生は終わってしまいます。

僕はいま、夢を叶え続けています。

その大きな要因は、**「自分が将来達成したいこと」を具体的にノートに書く習慣があったから**です。

実は成功者の方でこれと同じことをしている人は非常に多く、その人たちの間で、この**ノートに書く習慣は「夢ノート」**と呼ばれています。

「夢ノートって何？」と怪訝《けげん》に思った人も多いでしょうが、やり方は本当に単純。ただただ自分がやりたいことや達成したいことをノートに書くだけです。

僕がノートを書き始めたのは大学2年生の頃でした。

そしてノートにSNSで生きていくこと、会社を経営することなどを書き込みました。

そのほかにも、「タワーマンションに住む」「家族に恩返しする」など、いろんな夢を書いてきましたが、今のところ、全部叶っています。

みなさんも、自分にはどんな目標があるのか。何を達成したいのか。将来どういいう生活をしたいのかを、具体的にノートに書いてみてください。

30歳になったら結婚して子どもがいて、子どもは大学まで卒業させてあげたい。車は高級車が欲しい。恋人が病気になったとしても、ポンと入院費用を出せるようになりたい。

何でも構いません。

マイホームが欲しいなら、その夢を達成する年齢や欲しい家の金額、数字などを事細かに描いて、自分の直近の夢と将来の理想を書き出してみてください。


ひとつ注意点としては、夢ノートは書き込んでも叶うものと叶わないものがあります。叶うものは自分の努力でなんとかなるもの。叶わないものは人間の心に関するものです。

たとえば、大学時代の僕が願ったものの叶わなかったものを、いくつか挙げてみましょう。

「元カノと復縁したい」。これは全くムリでした。

「親友と呼べる人を10人増やしたい」。これも、叶っていません。

残念ながら相手の心があるものは、自分の努力ではどうにもなりません。だから、**ノートには、自分が頑張れば達成できるものや手に入れられるものを書き込んでください。**

僕としては、夢ノートは必ず皆さんにやってほしいことの一つですが、多分、この本を閉じた後、実際にノートを広げて、ペンを手に取る人は10人に1人もいないんじゃないかと思います。

もし、実際にあなたがノートに願いを書き込むとしたら、あなたが目標を達成する確率は何倍も上がっているはずです。僕の統計上、成功している人ほど書いているから、書かない人が多いほど、成功する確率も上がるという簡単な計算です（笑）。それくらい効果があるので、騙されたと思ってやってみてください。後悔はさせません。

「夢ノート」は毎日読む

ノートは書いたら終わりではありません。

自分が書いた夢ノートは毎日読む。そして、新たにやりたいことや目標数字が変わっていくはずだから、月に1回くらいは内容を更新していく。これをひたすら繰り返すと、脳がその目標に対して必要な情報をインプットしてくれるので、感覚的にもキャッチしやすくなるし、学びにつながります。

書いた**ノートの内容を読み返して、3カ月くらいおきに書き直すうちに、「ここに向かって進んでいけばいいんだ」と目標が明確になっていく**効果もあります。

――（何か成し遂げられる人でもそうでない人も、）今のままだと人生終わる。

そう思っていても、理想でも妄想でもなんでもいいから「こんなこと叶うわけがないだろ」と思いつつ、「叶ったらいいな」と思うことを書いてください。そして、毎日眺めて、読み返してください。

僕が学生の頃に書いていることはほぼ叶いました。今でも、「30歳までにこの夢を実現したい」という目標を、今もノートに書き続けています。

「引き寄せの法則」

自己啓発や脳科学の本を読んだ人なら常識のような話ですが、自分が願ったり、思い描いた夢は叶うという現象は、世の中ではよく「引き寄せの法則」と呼ばれ、多くの実業家や文化人が実践しています。

何かしらの分野で成功を成し遂げた人はみんな、少なからずこの「引き寄せの法則」を知り、活用しているはずです。

ところで、「夢ノート」の話を聞いて、「ノートに物事を書き込むだけで、夢が叶うわけがないだろう。何を非科学的なことを……」と思った人も多いはずです。

わかります。僕も最初はそう思っていました。

ただ、実際にやり続けていくうちに、「なぜノートを書くとうまくいくのか」が体感的にわかっていきました。

結論としては、**ノートを書く、そして読むという行動が、自分の潜在意識に働きかけるから、無意識のうちに脳が「その夢を実現するにはどうしたらいいのか」を考えてくれるから**です。しかも、これがすごいことに、一回書くだけでも途轍もない効力を発揮すると言われています。

外部からの情報にしても、脳は自分が「必要だ」と思った情報を取捨選択してインプットします。世の中には膨大な情報がありますが、それをすべて集約すると、脳がパンクしてしまうから省エネで動いているわけです。

結果的に「これは自分にとって必要な情報だ」と脳が認識して、情報収集するのは、日頃から自分が顕在意識の中で注意を向けているものが中心になります。

だから、**「自分はこれが欲しい！」と目標を明確にしておけばおくほどに、脳が**

勝手に情報収集をしてくれるようになるので、願望が叶いやすくなります。

「これが欲しい！」と自分が夢を思い浮かべることは、さらなるメリットがあります。

人間は誰しも**「自分が頭に思い浮かべたこと」以上の行動をとりません。逆に言えば、「頭に思い浮かべたこと」の方が実現可能性は高くなる**のです。

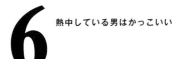

スポーツのアスリートにとって、練習と同じくらい大切なのはイメージトレーニングです。多くの実績を残しているアスリートたちは、試合に臨む前に「自分が優勝している姿」や「自分が良いスコアを出している姿」を想像しています。再三にわたって、「自分が勝ったときの姿」をイメージして、潜在意識にその姿が刷り込まれているからこそ、モチベーションも上がるし、そこに至るための行動を取れるのだと言われています。

逆に、「自分が勝てる」と一切思っていない人であれば、練習してもモチベーションが上がらないのでトレーニングが適当になったり、いざ勝負のタイミングになった際に集中力を保つことができなかったりします。

ロケットや飛行機などの発明品にしても、誰かが「これは実現できる」と思わなければ、発明されることはなかったでしょう。

それと同じで、「自分はこういう人生を送りたいんだ」と明確に持っている人であれば、少なくともその可能性は上がっていきます。

自分の頭で「無理だ」「こんな夢は叶わない」と思っている時点で、その夢は叶いません。無理だと思っていると、夢を叶えるための行動を自分で取らないからです。繰り返しになりますが、夢ノートはどういうわけかこの引き寄せの法則を強く発揮させる効力があるのです。僕も書いて叶ったので、書いてほしいのです。

今、目標や夢がなくても安心して

夢を持てと言われて何も浮かんでこないと焦るでしょう。大丈夫です、僕も同じでした。夢や目標を持つことはたやすいことではありません。

夢ノートには、ありふれた夢でいいから書いてみてください。

書き始めたら、なんやかんや浮かぶはずです。何度も言っているように、まずは行動することが大切です。

あなたの中で眠っている夢がどんどん発掘されるはずです。念を押すようですが、もう一度言います。夢ノートに書いたことは叶います。

夢ノートを書くコツ

①「いつまでに叶えたい」「いくら欲しい」「どれくらい」など数字を明確にする
②書いている時のワクワクする感情をなるべくたくさん味わう。ワクワクする量が大きいほどそれは叶いやすい
③特定人物の心を動かすことはできない
④なるべくたくさん書く!

ワクワクするほうを選べ！

何度も伝えますが、**選択に迷ったときはどんなときでもワクワクするほうを選んでください。**

僕自身も日々選択を迷います。たとえば、今日何を食べるか食事のことから会社のことまでです。そんなときはワクワクする方を選んでいます。

思い返してみてください。毎日同じ飯を選んでいませんか。人間は新しいことに挑戦したり、新しい場所に行ったり、自分が安心できる方を、言い換えれば何の差し支えもない方を選びがちです。そうやってこれから先の人生を生きていくのは、非常にもったいないです。

世の中には僕たちが知らない楽しいことや美味しいご飯、素敵な景色、最高の出会いがたくさんあります。それに出会うには、選択肢は常にワクワクする方を選ばなければなりません。僕もそう言いながら、僕自身も今日同じ飯屋で夕飯を食べていますし、難しいことはよくわかっています。

でも、このことだけはよく覚えておいてください。**仮に失敗しても人生単位で見たらプラスになります。**これを脳科学で言うところの「コンフォートゾーンを抜ける」と言います。科学的にもスピリチュアルの観点でもワクワクする方を選ぶことは合理的です。


大学や就職とか親や先生とか、世間体を気にして進んだ道で、万が一失敗しても、誰も責任は取れません。その失敗を引き受けるのは自分です。

いま、みなさんはまだ若いかもしれない。でも、あと、10年、20年したら、助けてくれる人や教えてくれる人はどんどん減っていきます。

あなたが人より体力がなくて力が弱かったり、背が低かったり、性別による不利益を受けたりしても、誰にも文句は言えません。与えられた条件の中で、この世界をなんとか生きていくしかないのです。

それぐらい、僕らが今生きている世界は残酷です。

人と比較し、現在の状況は、自分の過去や生まれた環境、容姿、才能のなさのせいにして、立ち止まっていても、人生はちっともよくなりません。

だったら、あなたにできることは何か。それは、この残酷な世界で生き残るために、目標を持って、その夢に向かって最善を尽くすことです。

死のうと思っていた僕でも今はこうなれたんだから、あなたにもできます。そう心から願っています。人生は全て自分次第です。

自分を愛してください

内面編

7

自分を好きになること

いよいよ、STEP7です。

長い本なのに、よくここまで読み進めてくれました。まずは、ここまで読んでくださったことに、お礼を言わせてください。ありがとうございます。

最短で垢抜けるための最後のSTEPは、ごくシンプルで短いものです。

それは、**自分を好きになること**。単純ですよね。

これまで僕がインフルエンサーとして、YouTubeやInstagram、TikTokなど**あらゆる場面で発信をしてきた一番の理由は、極端に言うと、「より多くの人に自分を好きになってほしい」という想い**からでした。

本書でもご紹介してきたように、僕は大学時代まで本当にかなり芋男で、モテとは程遠い人間でした。勉強もできないし、スポーツも苦手。バイトも続かない。何もできない自分が大嫌いでした。

でも、ファッションという自分の好きなことを見つけたおかげで、自分のことを少しずつ好きになって、ようやく「僕も生きていていいんだな」と思えるようになったのは、すでにご紹介した通りです。

この体験は、自分にとって人生観がひっくり返る大きな体験でした。

もし、いまかつての僕のように、誰かが「自分なんて価値がない」「自分の人生なんてつまらないものだ」と思っているのならば、ぜひ「自分は生きていていいんだ」という強い肯定感を味わってほしい。だから、僕は発信をし続けています。

では、なぜ自分を好きになることが、垢抜けることにつながるのか。

その理由はいろいろありますが、一番の理由は、自分を好きになれない人生はつらいし、つまらないし、自信がないように見えてモテないからです。

何をしても満足感も自信も抱《いだ》けないし、信念もなく、夢中になれるものもなく、毎日をただ屍《しかばね》のように生きるだけ。

「どうして自分は生きているのだろうか」とネガティブな気持ちのまま、鬱々と日々を過ごさなければならない。

まさに大学時代の僕がそうだったわけですが、そんな日々を一生続けるなんて、本当につらすぎます。そして、残念ながら、自分で自分を幸せにできない人は、他人を幸せにすることはできない。ネガティブな要素が身体から滲み出ているうちは、モテません。

自分を好きになれない人は、自分に厳しいです。

人間が自分のことを好きになる前段階には、「自分を受け入れる」という段階が必要だと言われています。良い部分だけではなく、ダメな部分や悪い部分も自分だと受け入れること。

この土台がない限り、「自分が好き」という段階には進めません。

結果、他人にも厳しいし、他人を否定しがちです。だから、**「自分のことが嫌いだ」「自分に自信がない」と思っているうちは、他人にも好かれないし、何より自分が他人を受け入れることはできません。**

常にノリが大切

誰からもモテる人は、自分と違う価値観の人でも受け入れられる包容力を持ち、ノリがよく、常に余裕があって楽しそうにしている人です。

ノリの良い人に惹かれる理由は、「振動数」にあると僕は思っています。

昨今、解明が進んでいる素粒子物理学の世界では、この世の中にある物体のすべては振動する原子で出来ており、あらゆる物体、もちろん人間にも固有の振動数があることが明らかになっています。

そして、非常に不思議な話ではあるのですが、対象の振動数が高い対象に人は魅力を感じて引きこまれて行くのです。

テンポの良い音楽を聴いて感じるバイブスやおいしいものを食べたときに抱く幸福感など、心地よい体験をしたときに自分の身体の奥から何か熱い感情が起こるのは、対象の振動数が高いからです。

これは人間も同じことで、持っている振動数が高い人は、自然と人が近寄ってきます。逆に振動数が低い人には、人が寄ってきません。

とはいえ「振動数と言われてもよくわからない」という方も多いでしょう。あえてわかりやすい言葉で言うならば、**振動数は「ノリ」のようなもの**だと僕は思っています。

だから、ノリの良い人、すなわち振動数の高い人は、だいたいどこの場所でも人気者になれるし、女性にもモテます。

学生時代、クラスの人気者だった人の顔を思い浮かべてみてください。その人も、おそらくノリが良い人だったはずです。

ノリの良さを身に着け、振動数を上げれば、相手から「この人と一緒にいると楽しい」と思ってもらえる人間になれます。

まずはノリが良くて、振動数の高い人を目指しましょう。

ノリに必要な5つの要素

「ノリの良さは、生まれ持っての才能だから自分には無理だ」と思った方もいるかもしれません。でも、大丈夫です。

僕は**「声の大きさ」「リーダーシップ」「表情」「話題」「強引さ」の5つの要素さえマスターすれば、再現できる**と思っているからです。

まず、ひとつ目は**「声の大きさ」**です。

声が大きくて、はきはきと話す人の方が楽しそうだし、聞いている側の感情もゆさぶられて心惹かれます。これは振動数が高いからこそ。

ぼそぼそと小さな声で話す人は、振動数が低いのでノリも悪く思われがちです。

いつもの1・5倍くらいの声の大きさを心がけるだけで、振動数は上がり、周囲からは「あの人、ノリがいいな」という印象を持たれます。

2つ目は、幹事やリーダーを率先してやるなどの**「リーダーシップ」**です。

サークルやクラブ、飲み会の幹事など、グループで率先して乾杯の音頭を取ったり、他人に話を振ったりする人は、「この人と一緒にいたらテンション上がるな」「この人がいてくれるおかげでこの場が楽しいな」と思わせることができます。

だから、合コンや飲み会で、幹事や盛り上げ上手の方が、黙って座っている人よりも圧倒的にモテます。

3つ目に大事なのが**「表情」**。

仮に誰かに声をかけたとき、相手がムスっとしていたら近寄りたいとは思いません。楽しそうな人がいれば、自然と話しかけたくなるし、「自分もその輪に混ぜてほしい」と誰しも思うもの。

明るくてニコニコした表情が難しければ、作り笑いでオッケーです。作り笑いでも、するかしないかで全然違うんです。すべては、行動するかしないかではまったく違います。

4つ目は、**「話題」**です。

誰かと話す際、誰かに対する妬《ねた》みや悪口を言う人は、自分の振動数はもちろん、相手の振動数をどんどん落として、ネガティブな気持ちにさせてしまいます。これはよくない。

「私、お金がなくて、最近父親の介護も大変で……」という暗い話を聞き続けるよりは、「最近こんな楽しいことがあったんだよね！」「このビジネスやったらうまくいってるんだよね」「こんなおいしいものを食べたから、今度一緒に食べに行こう！」などという話をしている人の方がノリも良いので、多くの人が魅力を感じます。

最後、ノリを貫きとおす上では多少の**「強引さ」**も必要です。

僕の友達にとてつもなくモテる男がいるのですが、ぶっちゃけ彼は顔自体はそんなにかっこよくはありません（笑）。身長も小さいです。

でも、彼は自分に自信があって、とにかく強引です。そんな様子に女性たちが惹かれ、モテまくっている様子を何度も見ました。

確かに誰だって、そんなにタイプじゃない人であっても、「あなたが好きです！」「素敵ですね！」「一緒にいたいです！」と押されたら、「いいかもな」とグラっと揺らぐかもしれません。これも、強引さが振動数の高さを惹きつけているからなのかなと思います。

僕の勝手な持論ですが、５つの要素を押さえておけば、「この人、ノリがよくて感じがいいな！」と思われやすいはず。

急にこの章だけうさんくさくてすみません。この小手先のテクニック、意外と使えます。

自分の振動数を上げる一番の方法

そのほかにも振動数を上げ、ノリをよくする方法はあります。

たとえば「バイブスの高い音楽を聴く」。

自分が悩んでいるとき、病《や》んでいるとき、音程が高くてノリが良い、言うなればバイブスの高い音楽を聴くとテンションが上がります。そのほかにも、「気持ちのよい温泉につかる」「おいしいものを食べる」「速い乗り物に乗る」「早く歩く」など、テンションが上がる行動は手っ取り早く振動数を上げる方法だと言えるでしょう。

ここまでは、いわゆる振動数を上げてノリを高めるためのテクニックでした。でも、あまり努力せず、最大級に振動数を上げる方法があります。それは、楽しむこと。つまり**「振動数＝楽しむ気持ち」**なんです。

もっと言えば**「毎日を自分が楽しいと思うことに投じて、全力で生きれば、自然と振動数が上がって、人が寄ってくる」**とも言えます。

ＳＴＥＰ５やＳＴＥＰ６でも散々「胸が高鳴ることをしろ」「自分の目標や夢を持って、そのために努力したらモテる」とお伝えしましたが、多分根底は振動数にもつながっているのです。

遊ぶと決めたら、その日はすべてを忘れて全力で遊ぶ。

働くと決めたら、その日は悩みを忘れて全力で働く。

毎日一日の終わりに「今日は本気で楽しんだ。めちゃくちゃ頑張ったな」と思える日を送れる男が、最高にかっこいいし、モテる男だと思います。

そんな日々の積み重ねによって、最高の明日が生まれるし、最高の1年後、最高の10年後が生まれます。

僕も、仕事については、同業の人と比べても「自分の方がたくさんやった」と断言できるほどに働いてきたし、時間も使ってきました。

一切妥協しない毎日の積み重ねがあって、毎日が本番だし、いまこの瞬間しかないと思って生きてきました。もともとは自分のことを認められない自己肯定感の低かった僕が、こうやって本まで買っていただいているのは、この積み重ねがあったからこそです。

緊張していないそぶりをしろ

また、小手先のテクニックですが……。

僕自身、人前で話をするのは苦手です。YouTubeや生配信のときは割り切っているので堂々と（たまには偉そうに笑）話しているけど、昔は女性と話すのはかなり苦労しました。

以前の僕だったら、**対象の異性を「友達だ」と思って乗り切っていました。**

いかにノリが良い方がモテるといっても、タイプの女の子であればあるほどに、緊張して話ができない……という人もいるはず。

ただ、よく思い返してみてください。

みなさんにもおそらくあった幼稚園や小学校の頃は、クラスの女の子と普通に話をしていたと思いますが、その感覚を取り戻すだけでいいのです。

「女の子と話をしている」と思うと余計に緊張しますから、「普通に友達と話をしている」と思うだけで、だいぶ不自然さが減っていきます。

もう一つの対策としては、**とにかくいろんな女性と話しまくって場数を踏みましょう。**

僕は工業高校出身だし、姉妹もいないので、生まれたときから周囲には女性が非常に少ない環境で育ちました。

大学も工業系だったので、女性の生徒も少なかったのですが、そんな少数の女性たちと話すのも緊張してしまって、最初は何を話せばいいのかわかりませんでした。男子校出身者なら、誰しもこの状況はわかってくれますよね……。

この状態を改善するには経験値を上げるしかありません。ダサくても、**緊張しても、とにかく話を続けていくと、自然に馴染んでいきます**。そんな実践を重ねた末、社会人になった頃には、僕は女性と普通に話ができるようになりました。

くだらないことを言いますが、出会い系でもなんでもいいので１００人の女性と遊んでください。そしたら、緊張なんてしないです。

若いときはとにかく経験値を積め

ここまでは「モテるため」に僕がやったさまざまな方法をご紹介してきました。

もう本書も終盤ですが、最後に恋愛についての僕の持論も、少しだけお話させてください。

正直、僕はまだまだ若輩者なので恋愛について語れることは少ないですが、ひとつ思うのは**「若い頃はたくさん経験した方がよい」**ということ。

いろんな人と出会って恋愛すると、普段の人間関係では得られないようなディープな部分に踏み込むことも増えます。

「この言葉に対して人はこう思うんだ」「こういう行動は他人を悲しい想いにさせるんだな」などと理解が進み、人間を知るという意味でも、ものすごく勉強になるからです。

また、たくさんの人に出会うことで、自分の性格もわかるようになります。

自分は何をされたらうれしいのか。自分は何をされたら怒るのか。何をされたら悲しいのか。自分一人で過ごしているだけではわからない繊細な感情が明確になって、自分を知る良い機会になるのも、恋愛のメリットだと思います。

この一見無駄なように見える恋愛経験は、将来、自分が本当に大事だと思えるパートナーを探す上で、ひとつの指標になります。

その指標がデータになり、「この人は結婚する相手かどうかが」を判断するときに役に立つでしょう。

行動することでしか、自分を好きにはなれない

突然「自分を好きになれ」と言われても難しく感じるかもしれません。

たしかに、思考を変えて、簡単に自分のことが好きになれるならすごく理想的です。でも、それはすごく難しい。

一番おすすめなやり方は、まず見た目から変化していくものです。

本書の冒頭でもお伝えしましたが、人間の内面をすぐに変えられません。でも、

外見は、髪を切ったり、ダイエットしたり、服を変えたり、なんならメイクしたりすれば、すぐに変えられます。

自分の外見に自信が持てないなら、まずは「このくらいなら許せる」というレベルまで、自分の外見を磨き上げてほしいのです。

結局は行動ベースで変わっていくしかないのです。逆に言えば、行動することでしか、自分の思考を変えることはできません。

自分の外見を変えて、頑張って稼いで、自分の熱中できることを見つけて、努力する。もちろん一瞬で自分を好きになれるような魔法はないので、当然時間はかかります。でも、**諦めずに自分を好きになる努力をした先には、絶対にいまよりは少しでも幸せな人生が待っています**。

僕自身を振り返ってみても、かつては自分に全然自信がありませんでした。

でも、ファッションや美容が好きになったら、少しずつ自分の見た目に自信がつきました。見た目を好きになると、行動が少しずつ変化していって、以前の自分だったら挑戦できないようなことにもどんどん挑戦できるようになったのです。

その結果、ファッションを仕事にすることもできたし、大好きな趣味や友達もできた。今までは何をやってもダメだと思っていたけれども、周囲に自分の好きなものが増えていくにつれて、次第に、自分の内面も許せるようになっていきました。

そして、ちょっとずつだけれども、**自分のことを好きになれたら、どんな相手に会っても、「この人はそういう人だ。それもいいよね」と個性を認められるようになった**ように思います。

もちろん、今の自分が僕自身を好きかと問われると、まだ「完全に大好き」だとは言いきれません。自分よりもすごい人や自己肯定感が強い人と一緒にいると、「自分はまだまだだな」と思ってしまいます。まだまだ道半ばではありますが、それが僕の現在地です。

きりがないけれど、この世に生まれたからには、この永遠の課題に真摯に最後まで向き合いたいと思います。

おわりに

ここまで本書を読んでくださったあなたに心から感謝しています。本って意外と買っても最後まで読まないいんですよね。

実のところ、この本を書くためにかけた時間と一冊の本から僕に入ってくる印税って、自社ブランド「ＡＤＲＥＲ」の最も安い商品であるネックレスを1本売るよりも金額としては少ないいんです。

それに反比例して、この本1冊を作るためにかけた時間は、自社ブランドの商品ひとつ作る時間の１００倍ぐらいかかったと思います。

僕は、ものすごくこだわりの強い人間なので（笑）、「もう必要ないだろう」というぐらい何度も書き直したし、読み直しました。何が言いたいのかというと、この本はもはや仕事としては書いてません。僕の人生を芸術として作品として残したかったんです。

今の僕は、自分のやりたいことで好きな仕事でこの身に余る豊かな生活をさせていただいています。

そんな僕も、もともとは本当に死のうと思っていました。それも一回ではなく、物心ついた時からずっと思っていたのです。そんな僕でも夢を叶えて自分を取り戻し、豊かになれたので、今、過去の僕と同じようにうだつの上がらない日々を過ごす方がいるのならば、その人たちの人生に一滴でも良い影響を与えられたらと思って、そして、それを使命だと思い、命を削る勢いで書いたつもりです。

どうか読んでくれたあなたが幸せになることを、そしてあなたの人生が少しでも良くなることを祈っています。

この本を読んで、行動できる人もいればできない人もいますし、夢が叶う人もいれば叶わない人もいると思います。

それでも、一人でも多くの方にワクワクする気持ちや勇気を授けることができたら、僕は幸せです。


これがお金を稼ぐことよりもやりたかったこと。

迷いなく、僕はそう思います。


この本を書くまで、しばらくそんな気持ちを忘れていた……と言ったら嘘ではありません。この本を書かせていただいたことで、その気持ちを改めて思い出すことができました。

最後まで読んでくれた方、出版に携わってくださった方、全ての人に感謝します。

ありがとうございました。

この本は読む人によっては、僕のことを嫌いになるかもしれません。
それでも、僕が伝えたいことを嫌われる覚悟で書きました。

この本に書かれていること全てを行動に移せなくてもいいんです。それでも、3つでいいから始めてみてください。

僕も学生時代、水野敬也さんがお書きになった『夢をかなえるゾウ』（文響社）という小説型自己啓発本を読んで、実際にその中に書かれていたことで行動に移せたのは3つぐらいでしたから。

それに、もはや理解できないこともたくさんあったかと思います。意味もわからないこともあったでしょう。

それでもこの本を読んでくれたことで、生きているうちにピンとくる日が来るはずです。「ああ、あれってこういう意味だったのか」と、その瞬間に備えて、できればこの本を7回読んで欲しいです。一昨日の夕飯を思い出せないように、人は必ず忘れていくので。

そして、みなさんに一つお願いがあります。

僕にとって最大のモチベーションとなるのが、みなさんのコメントやレビューを読むことです。この本には、時間も思いも他の誰にも負けないくらいかけた自信があるからこそ、有益な本であると自信を持っていますが、みなさんがどう思ってくれたか、みなさんの言葉からでしか知ることはできません。

みなさんのコメントに気づけるように、Amazonのレビューを書いたり、Instagramのストーリーで「#死ぬか変わるか」「#犬飼京」とハッシュタグをつけたり、僕のアカウントをタグ付けして、感想を教えてください。僕が全て読みます。時間に余裕があれば、コメントもします。

また、読書感想文や課題研究などで使ってくれたら、ぜひその成果物を送ってきてください。めちゃくちゃ楽しみにしています！

最後になりますが、一人でも多くの人が「理想の自分」を目指す上で、この本が役に立ってくれるのなら、それは僕にとって最高の幸せです。

もし、1年後、5年後、10年後……、あなたがこの本をきっかけに、なんらかの夢や目標を実現させることができたときは、ぜひ僕に教えてください。

いつか、あなたの夢の実現を一緒に喜べる日が来ることを、心から楽しみにしています。

では！

Special Thanks

ADRER

Credit

[p89写真] Mood.

Staff

［構成］藤村はるな

［デザイン］柴田ユウスケ（soda design）

［組版］キャップス

［校正］みね工房

［編集］立原亜矢子（徳間書店）

Profile

犬飼《いぬかい》 京《けい》

アパレルショップ「ADRER」オーナー、インフルエンサー、モデル。
1997年、東京都生まれ。
大学時代に「WEAR」というコーディネートを載せるアプリと出会い、ファッションの世界に。現在では、年商30億にまで成長したファッションブランド「ADRER」のデザイナー兼オーナーとして活動中。

ADRER

WEAR

Instagram
（メインアカウント）

YouTube

死ぬか変わるか

25歳の僕が年商30億を稼いだ7つの方法

第1刷　2023年10月31日

■著者　犬飼京

■発行者　小宮英行

■発行所　株式会社徳間書店
〒141-8202　東京都品川区上大崎3-1-1　目黒セントラルスクエア
電話　編集(03)5403-4344／販売(049)293-5521
振替　00140-0-44392

■印刷・製本　中央精版印刷株式会社

ISBN978-4-19-865701-7